KB119811

걷는 존재

52 WAYS TO WALK

몸의 감각을 깨우고 온전히 나를 되찾는

걷는 존재

애나벨 스트리츠 지음 | 이유림 옮김

위즈덤하우스

✦

우리는 걷는 존재로 태어났다

가진 돈이 없던 스물세 살, 나는 운전을 배운 뒤 작고 덜컹거리는 차 한 대를 샀다. 나는 그 차가 좋았고, 종종 시내에 타고 나가 운전하는 전율을 즐겼다. 사실, 우리 집에는 차가 없었다. 아버지는 운전을 배운 적도, 차를 가져본 적도 없었다. 어머니는 40대가 되어서야 운전을 배우기 시작했지만, 면허 시험에 일곱 번 떨어지셨다. 우리는 조금 외딴곳에 살았는데, 그곳의 대중교통은 시간이 들쑥날쑥했고, 아예 닿지 않는 곳도 있었다. 무언가가 필요하면 한참을 걸어나가야만 했다. 이 정도면 왜 그 작고 낡은 자동차가 내게 그렇게도 큰 기쁨이었는지 이해할 수 있을 것이다.

운전을 시작할 때쯤 사무직으로 일하게 되었다. 그리고 이 두

가지는 내 몸(살이 찌고, 근육량이 줄어들고, 통증이 생기고, 굳어지고, 굽어지고)과 정신(불안, 긴장, 불만족)에 예상치 못한 변화를 가져왔다. 비슷한 시기, 나는 평범한 미국인이 1천4백 킬로미터를 걸었던 이야기가 담긴 빌 브라이슨Bill Bryson의 『나를 부르는 숲』이라는 책을 읽었다.

그 책을 읽은 순간부터 내 삶은 극적으로 바뀌었다. 나도 저자와 다르지 않았다. 기회가 있을 때마다 차를 타고 다녔고, 책상 앞에 온종일 웅크리고 있었으며, 저녁 내내 소파에 파묻혀 있었다. 갑자기 내가 잃어버린 삶을 향한 깊은 갈망이 일었다. 걷는 것의 단순한 즐거움, 두 발로 나아가는 끝없는 여행, 세차게 부는 자연의 바람에 대한 갈망이. 그렇게 나는 내 삶에 다시 산소를 불어 넣기로 했다.

나는 꼭 필요한 경우가 아니면 차를 타지 말자는 규칙을 정했다. 그리고 차를 타는 대신 걸었다. 그 후 몇 달 동안, 나는 그동안 차를 타고 다녔던 많은 곳이 집에서 말도 안 될 정도로 가까웠다는 사실을 깨달았다. 왜 걸어서 20분밖에 안 걸리는 슈퍼마켓에 차를 타고 왔을까? 느긋하게 15분이면 도착하는 치과는? 더 바보 같은 건, 왜 굳이 차를 타고 헬스클럽까지 가서 러닝머신을 하거나 자전거를 탔던 걸까?

비, 바람, 어두움, 더위, 배고픔, 지루함, 함께할 친구가 없는 것과 같은 시시한 변명 앞에 내 작은 차는 거부할 수 없을 정도로 매혹적인 존재가 되었다. 나는 강아지 한 마리를 데려왔고, 비 오는 날에 입을 옷을 샀다. 추위와 비와 어두움은 이제 더는 산책을 피할 변명이 되지 못했다. 그렇게 나는 밤 산책, 비에 흠뻑 젖거나 진흙투성이가 되는 산책, 저녁을 먹은 뒤 느긋한 산책, 바람과 맞서는 주말 하이킹, 역사적 건축물과 유명한 랜드마크를 잇는 산책을 사랑하게 되었다. 걷기가 그 어떤 것보다 매력적이고 짜릿한 일처럼 느껴졌다.

이후 책상 앞에 앉아있으면서 찾아온 허리 통증과 쇠약함으로 고생하며 두 번째 규칙을 정했다. 앉아서 하는 활동을 최대한 걷는 활동으로 바꿀 것. 걸으면서 일할 수도 있고, 산책하며 휴일을 보낼 수도 있고, 달리며 장을 보러 갈 수도 있고, 카페에 앉아 시간을 보내는 대신 걸으며 커피를 마실 수도 있을 거라고 생각했지만…. 언젠가 내가 자기 자신에게 했던 변명이 다시 돌아올 뿐이었다. 동료들은 너무 바람이 분다, 덥다, 춥다, 시간이 이르다, 늦다며 내 제안을 거절했다. 친구들(몇몇)과 가족(특히 더)들도 다르지 않았다.

역설적이게도 이 모든 변명이 곧 걸어야 하는 이유라면 어떨까? 이때 나는 걷기와 건강이라는 주제로 조사와 글쓰기를 계속하고 있었다. 움직임과 더불어 햇빛, 흙, 눈, 고요함, 향기와 같은 자연의 요소가 지닌 놀라운 힘에 관한 연구 결과가 메일함에 쌓여갔고, 그 내용은 내 추측을 입증해주었다. 나는 나만의 걷기 실험을 시작했다. 높은 고도에서, 숲에서, 맨발로, 뒤로 걸어보기도 하고, 달빛 아래에서, 강을 따라, 순례자들의 길을 따라, 기하학적 경로로, 내 후각을 따라 걸어보기도 했으며, 춤추고 노래하면서 산책하기도 하고, 쓰레기를 주우며, 먹을 것을 찾으며, 정신에 집중하며, 빠르게, 조용히 걷기도 했다. 이렇게 걷기는 다시 한번 내 삶의 멋진 모험이 되었다. 하지만 이번에는 그 방법과 이유를 과학적으로 설명할 수 있다.

걷기가 건강에 미치는 영향을 다룬 연구 결과는 아주 명백했는데, 규칙적인 걷기 운동은 당뇨에서 벗어나고, 심장병을 예방하고, 암을 억제하고, 혈압을 낮추고, 체중을 줄이고, 우울과 불안을 완화하는 등 수많은 장점으로 수백만 명에게 도움을 주었다. 실제로 한 연구에서는 운동이 매년 거의 4백만 명의 조기 사망을 막을 수 있다는 결과가 나왔다. 이는 걷기가 매년 최대 8백만 명의 사망을 막아준다고 믿는 일부 전염병학자들의 주장에 비하면 보수적인 수치다. 또 다른 연구는 운동을 통해 35개의 만성 질병을 예방할 수 있다는 사실을 밝혀내기도 했다.

중요한 점은 바로 이것이다. 우리가 몸을 움직이면 몸속에서 수백 가지 복잡한 변화가 일어난다. 12분만 걸어도 심장박동에 영향을 주는 분자, 폐로 들어오는 공기, 뇌의 뉴런 등 혈액 속에 있는 대사물질 522개가 바뀐다. 걷기 운동을 할 때 밀려 들어오는 산소는 우리의 중요 기관, 기억력, 창의력, 기분, 생각하는 능력에 영향을 미친다. 걷기는 수백 개의 근육, 관절, 뼈, 힘줄을 정교하면서도 힘들이지 않고 움직이며 우리를 앞으로 나아가게 할 뿐 아니라 수많은 분자 경로를 활성화하고, 심장을 확장하고, 근육을 강화하고, 동맥의 내벽을 매끄럽게 하고, 혈액 속 당을 배출시키고, 후성유전학적 변형이라는 기적적인 방법으로 우리의 유전자를 변화시킨다. 걷기의 효과는 건강 증진 그 이상이다. 걷기는 미래 세대의 건강까지 강화한다. 가임기에 운동을 하면 질병에 더 강한 아이들을 낳을 수 있고, 임산부가 활동적으로 움직이면 모유에 아이의 당뇨 위험, 심장병 위험, 비만 위험을 낮추는 복합물이 생성된다는 사실도 잘 알려져 있다.

게다가 다른 탈것 대신 걷기를 선택할 때마다 공기 오염과 소음 공해가 줄어든다. 더 많은 토지가 콘크리트 주차장과 도시 외곽 쇼핑센터로 바뀌는 것을 막는 일이기도 하다. 정부나 시 위원회에 삼림이나 습지 보호를 위한 산책로나 공원 조성을 제안할 때마다 우리는 더 나은 세상에 가까워진다. 자연을 걸으면 우리는 대지에 더욱 관심을 두게 된다. 그리고 무언가에 관심이 생기면 그것을 보호하고 싶어진다. 바로 지금, 우리가 사는 눈부신 세상은 보호가 필요하다.

마을과 도시는 어떨까? 이러한 곳들을 걸으면 차를 타고 지나갈 때보다 더욱 풍성해지고, 깨끗해지고, 유쾌해지고, 고요해지고, 안전해진다.

우리는 말 그대로 삶에서 걷기를 '몰아냈다'. 하지만 우리는 걷는 존재로 태어났다. 햇빛이 아름다운 날 폭신한 산책로를 따라 걷는 산책 몇 분뿐만 아니라 들이치는 비바람, 오르막과 내리막, 겨울과 밤, 사람들 속 홀로, 숲속과 강가, 음식을 쫓거나 냄새를 따라, 심지어 맨발이나 뒤로도 걸으며 살아가는 존재로 태어났다.

이제 걷기를 다시 생각하고, 우리 몸속 분자에 새겨진 기억에서 다시 한번 걷기를 찾아야 한다. 걷기는 지루하지 않고, 한 번도 지루했던 적이 없다. 아마 우리는 같은 경로, 같은 시간, 같은 사람과 틀에 박힌 걷기에 갇혀 있었을 것이다. 하지만 걷기에는 수백 가지 방법이 있고, 걸어야 하는 이유 또한 수백 가지다. 게다가 직장이나 집 바로 앞에 있는 많은 길이 나서는 즉시 자연, 지리학, 지질학, 천문학, 역사, 문화, 건축의 마법 같은 세계로 우리를 이끈다.

걷기는 그저 걸음 수를 세는 것이나 단순한 '운동'이 아니다. 물론 신체와 정신의 건강은 반가운 부산물이다. 하지만 걷기의 즐거움은 걸음 수를 세는 것보다 훨씬 크다. 그러니 마을과 도시의 아름다움을 발견하고, 자연과 연결되고, 반려견과 가까워지고, 우정을 키우고, 진실과 자유를 찾고, 공기를 오염시키는 차들을 뒤로하고, 후각을 향상하고, 별빛과 어두움을 향한 열망을 채우고, 우리가 살아가는 이 대단히 복잡하고 아름다운 세상에 감사할 방법으로 여기자.

나는 당신이 이 책을 통해 걷기의 기쁨, 신비로움, 놀라움, 유쾌함을 다시 찾기를 바란다. 또한, 이 책에서 소개할 52가지 방법으로 두 발 보행의 끝없는 즐거움과 보람을 알 수 있기를 바란다. 마지막으로, 평생 걷기와 함께하면 따라오는 풍부한 행복과 건강을 얻을 수 있기를 진심으로 바란다.

이 책의 사용법

이 책의 각 장에서는 새로운 걷기 방법을 소개하며, 1년(52주) 동안 상황에 따라 다르게 걷기를 시도할 수 있도록 구성했다. 당신의 상황과 필요에 맞게 찾아 읽을 수 있는 것을 가장 중요하게 생각했다. 무엇보다도 다양한 걷기 스타일, 시간대, 날씨, 길, 장소를 경험하면서 신선하고, 예상하지 못한 요소들을 발견하기를 간절히 바란다.

우리는 걷는 것이 아주 자발적인 행위이며, 계획이나 생각 없이 언제든 할 수 있는 것이라고 여긴다. 물론 이는 걷기의 큰 기쁨 중 하나다. 그저 집을 나와서 걸으면 된다.

하지만 기대하지 못한 멋지고 새로운 경험을 마주치려면 약간의 준비를 해야 한다. 적절한 준비물이 무엇인지 알고 제대로 챙긴다면 비 오는 겨울의 산책도 훨씬 즐거워질 것이다. 정확한 경로, 보름달, 함께할 친구, 적절한 신발이 있으면 달밤의 느긋한 산책이 더욱 유쾌해진다. 그러니 급하게 나가기보다 준비물을 챙기고 간단한 계획을 세워보자.

지도, 책, 다양한 앱, 순례길, 장거리 코스, 근처 산책 코스, 가보지 않은 산책길, 가보고 싶은 장소 등을 찾아보고, 계획한 시간(예를 들어 한 시간에 3킬로미터 걷기), 대중교통, 주차, 식당 같은 내용을 적어보는 것도 좋다.

이 책에 소개할 몇몇 산책을 하려면 준비물이 필요하다. 예를 들어 밤 하이킹, 산행, 비 오는 날 하는 걷기는 준비물이 있으면 훨씬 즐거워진다. 여기서 준비물이란 제대로 기능하는 적절한 장비를 말한다.

방수 기능이 있는 옷이나 방수 신발의 기능을 확인하는 가장 좋은 방법은 샤워기를 사용하는 것이다. 물이 샌다면 세탁용 방수제와 함께 세탁기에 돌리면 된다. 신발도 깨끗하게 세탁해 방수 처리하고, 필요하면 신발 끈도 교체하자.

도시를 걸을 때는 편한 신발을 신어야 한다. 신발이 너무 작으면 혈액순환을 막아 발이 저리거나 부을 수 있고, 너무 크면 발을 헛디디거나 넘어질 수 있다. 그러니 여러 가지를 시도해보며 자신의 빌에 꼭 맞는 신발을 찾자.

원래 신던 신발을 신고 걷는다면, 신발이 닳지 않았는지 확인해야 한다. 연구 결과에 따르면 낡은 신발은 우리의 자세와 걸음걸이에 영향을 미쳐 부상 위험을 높인다고 한다. 만약 넘어질까 봐 걱정된다면 미끄러짐 방지용 고무 밑창으로 마찰력을 높인 가볍고 끈 없는 신발을 고르면 된다. 통기성이 좋고 필요할 경우 방수 기능이 있는지 꼭 확인하자.

장거리나 험한 지형을 걷는다면 밑창이 단단하고 발목을 받쳐주는 튼튼한(그리고 내 발에 길들여진) 워킹화가 있어야 한다. 땀이 빨리 마르고, 통기성이 좋고, 물집이 잡히지 않게 해주는(물집이 잘 생긴다면) 하이킹 양말도 필요하다. 나는 할인 행사를 할 때 여름과 겨울용 하이킹 양말을 장만했다.

빠르게 준비해 하이킹을 가고 싶다면, 작은 배낭을 준비해두자. 나는 가방에 물집 방지 패드, 소독용 물티슈, 휴지, 진통제, 물병, 스케치북과 지우개 달린 연필, 쌍안경, 자외선 차단제, 견과류를 넣어 준비해둔다.

나만의 산책 '키트(선글라스, 자외선 차단제, 모자, 장갑, 우산, 방수복, 열쇠, 야외용 커피 컵, 물병, 해충기피제 등 필요한 것들)'를 잘 보이는 곳에 준비해두면 햇빛이 좋을 때, 달빛이 밝을 때, 비가 몰아칠 때 언제든 빠르게 준비해 나갈 수 있다.

겨울이나 바람이 많이 부는 날씨에 하이킹할 때는 보온이 되는 옷, 장갑, 모자, 두꺼운 양말이 필수고, 보온병도 유용하다. 장거리 하이킹을 할 때는 길이 조절이 가능한 등산 스틱(특히 내리막이 있다면)이 좋고, 편하게 맬 수 있는 배낭인지 꼭 확인해야 한다. 아이들과 함께하는 경우 작은 배낭에 좋아하는 간식을 챙겨주면 불평을 듣거나 어르고 달래야 하는 일을 줄일 수 있다. 벌레에 노출될 수 있는 곳을 걸을 계획이라면 해충기피제를 챙기자. 동네를 간단히 걸을 때도 작은 주머니나 가방을 활용하면 곧은 자세로 걸으며 팔을 자연스럽게 흔들게 되어 골격을 바르게 정렬할 수 있다.

가방을 챙겼고 엉성한 계획이 완성되었다면, 이제 나갈 준비는 끝났다. 지도나 버스 시간표를 뒤적이거나 두고 온 옷, 물병, 물집 패드는 찾지 않아도 된다. 그냥 목차 중 하나를 골라서 읽어보자. 넷플릭스에 볼 게 없다면? 42챕터를 보고 저녁 식사 후 산책을 시도해보자. 잠이 안 온다면? 50챕터를 보고 어떻게 걸어야 더 깊이 잠들 수 있을지 살펴보자. 날씨가 좋지 않아서 걷기 힘들다면? 12챕터를 보며 비 내릴 때 걷기의 놀라운 장점을 알아보자. 컴퓨터나 휴대전화를 너무 많이 봐서 눈이 아프다면? 8챕터의 바깥을 걸을 때 볼 수 있는 기적 같은 풍경이 도움이 될 것이다. 너무 피곤해서 걷기 힘들다면? 느긋한 산책의 장점을 알 수 있는 4챕터의 내용이 참고가 될 것이다.

이제 일어나서 밖으로 나가 걸어보자.

52 Ways to Walk

1

추운 날의 걷기
Walk in the Cold

18세기 작가이자 걷기를 좋아했던 엘리자베스 카터^{Elizabeth Carter}는 바람 불고 눈이 몰아치는 날에 걷는 것을 가장 좋아한다고 말했다. 특이하다고 생각할 수도 있지만, 카터와 비슷한 사람들은 꽤 많다. 수년간 수많은 사람이 눈보라 몰아치는 한겨울 빙하 속에서 걷는 것에 꾸준한 애정을 표현했다. 크리스티안 리터^{Christiane Ritter}는 북극권에서 생활했던 이야기를 담은 자신의 책에서 매일 영하 35도를 밑도는 날씨를 걸었다고 말했다. "나는 매일 걸었다…. 울퉁불퉁하고 강철처럼 단단하게 언 눈더미 위를 열 번이고 스무 번이고 빙빙 돌면서." 1924년에 티베트를 걸었던 탐험가 알렉산드라 다비드넬^{Alexandra David-Nel} 역시 "방대한 눈…. 영원하며 티 하나 없는 순백"이 주는 매혹적인 고요함에 마음을 빼앗겼다. 무릎까지 오는 눈을 헤쳐나가며 수 킬로미터를 걸었던 그녀는 이후 그 광경을 "낙원"이라고 표현했다.

하지만 우리 대부분은 겨울이 되면 밖으로 나가 걷지 않고 집 안에 머물며 따뜻하고 쾌적하게 지내려고 한다. 큰 실수가 아닐 수 없다. 카터, 리터, 다비드넬이 추위를 받아들이며 사랑하게 된 수십 년 뒤, 과학자들은 마침내 적당한 추위 속에서 시간을 보내면 우리 몸과 두뇌에 놀라운 변화가 생긴다는 사실을 알아냈다. 얼음과 눈과 추위는 몇 세기에 걸쳐 치유의 방법으로 사용되었다. 이집트 기록에는 염증을 완화하기 위해 차가운 물을 사용했다는 사실이 언급되어 있고, 영국 수도승들은 얼음을 마취제로 사용했으며, 제임스 아노트James Arnott라는 19세기 영국의 내과 의사는 두통과 악성 종양 증상 완화에 잘게 부순 얼음과 소금을 활용했다.

2000년 일본에서 이루어진 실험에서 연구원들은 여성을 두 그룹으로 나누어 걷게 했다. 한 그룹은 다리를 모두 가리는 긴 치마를 입었고, 다른 그룹은 발목부터 허벅지까지 드러나는 짧은 치마를 입었다. 실험에 참여한 여성들은 1년 동안 같은 치마를 입으며 다리를 정기적으로 검사했다. 겨울이 끝나갈 무렵 자기 공명 영상MRI을 찍은 결과, 짧은 치마를 입은 여성들의 다리에서 추가 지방층 하나가 더 발견되었다. 긴 치마를 입은 여성들의 다리에는 변화가 없었다. 이는 추위에 노출되면 살이 찐다는 의미가 아니다. 과학자들이 발견한 바에 따르면 오히려 그 반대였다.

어떤 성인(예를 들어 스칸디나비아의 야외 작업자들)의 피부 아래에 갈색 지방을 보관하는 주머니가 있다는 연구 결과가 많아지고 있었지만, 당시에는 오직 동면하는 포유류에게만 보호 역할을 하는 갈색 지방이 있다고 생각했다. 미국 연구원들은 10년이 더 지나서야 갈색지방조직BAT이라고도 불리는 갈색 지방에 대한 놀라운 진실을 알아냈다. 짧은 치마를 입었던 일본의 피실험자들이 추위로부터 얻은 지방도 바로 이 갈색 지방이다.

이름만 들으면 그렇게 안 보이지만, 갈색 지방에는 백색 혹은 황색 지방과 관련된 해로운 지방질이 전혀 없다. 갈색 지방은 근육 세포를 포함한 그 어떤 것보다 효과적으로 지방을 태우는 역할을 한다. 앉아있는 시간이 많고 몸집이 큰 사람보다 마르고 활동적인 사람에게 갈색 지방이 많은 이유다.

가장 극적인 발견은 연구원들이 갈색 지방에 우리가 먹는 음식과 숨쉴 때 들어오는 산소를 아데노신삼인삼ATP이라는 에너지 형태로 바꿔주는 작은 공장이 가득하다는 사실을 찾아낸 것이다. 갈색 지방은 우리가 체온을 유지하고 숨쉬게 하려고 존재하는데, 이는 왜 잠깐의 추위가 신진대사를 증가시키고, 식욕을 조절하고, 인슐린 민감성을 증진하고, 세포를 일찍 죽지 않게 하는지 설명해준다.

갈색 지방은 다양한 방식으로 우리를 보호하는 바토카인 분자를 생성해 이러한 일을 해낸다. 바토카인은 근육을 강화하는 단백질인 폴리스타틴 생성을 촉진한다. 또한, 바토카인은 IGF-1이라는 복합체의 양을 증가시키는데, 단순하게 말하면 우리 몸이 자가 치유를 더 잘 할 수 있게 된다는 의미이며, 2021년 진행된 한 연구에서 갈색 지방이 많은 사람은 고혈압, 울혈성 심부전, 관상동맥 질환에 덜 걸린다는 사실을 찾을 수 있었던 이유이기도 하다. 갈색 지방이 지닌 치유 효과의 가능성을 본 과학자들이 뛸 듯이 기뻐한 것도 놀랄 일은 아니다.

추운 날의 상쾌한 걷기 운동은 우리의 세포를 건강하게 해주고 몸을 날씬하게 유지해줄 뿐 아니라 두뇌가 잘 기능할 수 있도록 해준다. 여러 연구 결과에 따르면 우리는 따뜻한 날씨보다 추운 날씨에 사고가 더 명확해진다고 한다. 우리의 두뇌는 포도당을 연료로 움직이며, 포도당이 떨어지면 두뇌 작용이 느려진다. 체온을 올릴 때보다 내릴 때 포도당을 더 많이 사용하는데, 왜 더울 때는 머리에 안개가 낀 듯 흐릿하고 추울 때는 명민하게 깨어나는지 알 수 있는 대목이다. 2017년 스탠퍼드대학에서 진행된 연구에서는 높은 기온보다 낮은 기온에서 사람이 더욱 결단력 있고, 차분하고, 이성적으로 생각한다는 사실을 밝혀냈는데, 이는 따뜻한 날씨가 복잡한 결정을 내리는 능력에 손상을 줄 뿐 아니라 애초에 결정 과정에 참여하는 것을 더욱 주저하게 만든다는 2012년 연구 결과를 뒷받침한다.

인지 능력을 증진하기 위해 꼭 추위를 직접 겪어야 할 필요는 없다. 그저 '추운' 느낌의 사진을 보는 것만으로도 두뇌 작용이 크게 활성화되기 때문이다. 이스라엘의 연구진이 인지력 관련 테스트를 진행하며 참여자들에게 겨울, 여름, 중립적인 이미지를 보여주었을 때, 겨울과 관련된 사진에서 가장 높은 주변 시야 점수를 나타냈다.

적당한 추위는 정신건강에도 긍정적인 영향을 미친다. 폴란드 학생들은 연구를 통해 잎이 떨어진 뒤 쌀쌀한 숲은 "감정을 자극하고, 회복을 돕고, 활력을 불어넣는 데 상당한 효과가 있다"는 사실을 밝혀냈고, 이는 녹색과 금빛으로 빛나는 봄만큼이나 나무들이 헐벗은 겨울의 숲도 우리에게 활기를 줄 수 있음을 보여준다.

마지막으로, 약간의 추위는 스트레스를 줄여줄 수도 있다. 2018년 룩셈부르크대학의 한 보고서는 참여자들의 목에 추위를 반복적으로 노출했을 때 이들의 부교감(진정) 신경계가 활성화되고, 심장박동이 느리고 일정해진다는 사실을 발견하며 적절한 추위의 진정 효과가 생각보다 더 클 수 있다는 가능성을 높였다.

물론 이런 결과들이 우리가 의도적으로 추운 곳에서 고통받아야 한다고 말하는 것은 결코 아니다. 그보다는 추운 계절을 걷기 좋은 시간으로 기쁘게 받아들여야 한다는 의미에 가깝다. 이제 관점을 바꾸어야 한다. 나무들이 보여주는 조각상의 뼈대 같은 새로운 풍경을 누가 사랑하지 않을 수 있을까? 겨울 숲의 선과 형태가 만드는 단색의 기하학무늬는? 겨울에는 새들의 모습도 더욱 선명하게 볼 수 있다. 우리의 두뇌도 더욱 날카로워지고 기민하게 깨어난다. 유익한 갈색 지방도 움직일 준비를 한다. 게다가, 지구력도 기를 수 있게 된다. 낮은 기온에서는 심장박동이 느려지고 땀 분비량도 적어지면서 우리의 몸이 더욱 효율적으로 움직이기 때문이다.

------------------------------ 유용한 팁 ------------------------------

그렇다면 얼마나 추워야 할까? 특별한 기준은 없다. 네덜란드의 생리학자 바우터 반 마켄 리히텐벨트Wouter van Marken Lichtenbelt에 따르면 갈색 지방은 16도 정도의 가벼운 추위에서 활성화된다고 한다.

걷는 시간은 어떨까? 자신에게 맞는 만큼 걸으면 되지만, 한 연구는 가벼운 추위에 두 시간가량 노출되면 백색 지방(특히 배와 허벅지에 많은 해로운 지방)이 갈색 지방(이로운 지방)으로 바뀐다는 사실을 발견했다.

추위를 너무 싫어한다면? 수많은 연구가 스스로 추위에 더 많이 노출될수록 추위에 대한 불편함과 두려움이 줄어든다는 사실을 보여주는데, 이런 과정을 습관화라고 부른다. 따뜻하게 입고 산책 시간을 조금씩 늘려보자.

추운 공기가 알레르기나 천식을 악화시킬까 봐 두렵다면? 이런 거정과는 달리 겨울에 운동하면 기도 내 알레르기 염증 반응이 줄어들고 호흡기 증상이 개선될 수 있다는 성인 대상 연구 증거가 점점 많아지며 추운 곳에서 하는 운동이 오히려 권장되고 있다.

겨울에 걸을 때는 너무 덥거나 너무 춥지 않도록 옷을 여러 겹 겹쳐 입어야 한다. 체온을 유지해주는 혈액은 먼저 주요 장기로 보내지기 때문에 손, 발, 머리가 제일 먼저 차가워질 수 있으니 장갑, 두꺼운 양말, 모자를 꼭 준비하는 것이 좋다. 몸에 열이 충분히 올라왔다면 팔을 걷어 비타민D를 받고, 목을 추위에 노출해 갈색 지방을 활성화하자. 하버드 의과대학 교수 로널드 칸Ronald Kahn에 따르면, 갈색 지방은 목에 있는 피부나 쇄골뼈 아래에 많이 분포한다고 한다.

또, 추운 날씨에는 모르는 사이에 탈수 증상이 나타나는 경우가 종종 있으니 따뜻한 음료도 챙겨야 한다. 커피 한 잔은 갈색 지방 활성화를 돕는다. 운동이나 추운 날씨처럼 카페인도 갈색 지방 생성을 촉진하는 요소로 여겨지기 때문이다.

높이 쌓인 눈 사이를 걷다 보면 매우 지칠 수 있으니, 눈을 뚫고 먼 거리를 가는 데 효과적인 스노우 슈잉(짧은 스키처럼 생긴 신발을 신고 걷는 겨울 스포츠)에 도전해보는 것도 좋다.

얼음에 미끄러질까 걱정된다면? 신발에 발을 꽉 잡아주고 미끄러움을 방지하는 기능이 있는지 꼭 확인하자. 계단이나 내리막길 옆쪽으로 천천히 걷는 것이 좋다. 등산 스틱도 활용하자. 우리의 팔은 균형을 잡게 해주고, 혹시 넘어지면 손을 짚어야 하니 반드시 주머니에서 손을 빼고 걸어야 한다.

추위는 만병통치약이 아니다. 저체온증에 걸리면 목숨을 잃을 수도 있으니, 적절한 옷과 신발을 갖추고 활동적으로 걷자.

2

바른 자세로 걷기
Improve Your Gait

프랑스 철학자 시몬 드 보부아르Simone de Beauvoir는 그녀의 걸음걸이가 아름답다고 했던 한 어느 팬의 칭찬을 결코 잊지 못한다고 말했다.

걸음걸이는 우리 자신을 보여주는 창이다. 캐나다 연구원들은 5백 명의 걸음걸이를 관찰하며 어떤 사람이 초기 인지 장애를 지니고 있는지 알 수 있었는데(정확도는 놀랍게도 70%에 달했다), 이는 45세에 그 사람의 걸음걸이를 보면 알츠하이머 발병 가능성을 예측할 수 있다는 이전 연구 결과들을 반영하기도 한다. 신체 가동성과 인지력 감퇴 사이의 관계를 연구하는 전문가 마누엘 몬테로 오다소Manuel Montero-Odasso는 걸음걸이를 관찰하기만 해도 "여러 신경 퇴행성 질환 진단에 참고할 수 있다"고 말했다. 다시 말해, 걸음걸이는 두뇌가 어떻게 기능하고 있는지 보여주며 미래에 어떤 일이 기다리고 있을지 그 단서를 보여준다.

과학자들은 두뇌의 변화가 걸음걸이에 영향을 미치는 것인지, 혹은 걸음걸이의 변화가 두뇌에 영향을 미치는 것인지 아직 확인하지 못했다. 하지만 어느 쪽이 되었든 우리는 걸음걸이에 주의를 기울여야 한다. 걸음걸이를 신경 쓰는 사람은 얼마나 있을까? 한쪽 발 앞으로 다른 발을 내디디며 앞으로 나아가는 것은 우리가 유아기를 지나며 전부 배우는 가장 단순하고 자연스러운 움직임이다. 하지만 동시에 균형, 조정력, 힘, 뉴런 수백 개의 발화 등이 필요하기 때문에 상상 이상으로 복잡한 움직임이기도 하다. 걸을 때 우리는 몸에 있는 거의 모든 근육과 뼈를 사용하며, 이들은 그 어떤 기계도 따라 하지 못할 만큼 놀라운 일련의 움직임으로 맞춰진다.

실내의 컴퓨터 앞에서 일하는 생활습관 때문에 선조들이 물려준 자연스러운 효율성과 우아한 걸음걸이를 유지하는 일은 더욱 어려워졌다. 발을 불편하게 하는 신발, 노트북 앞에 어깨를 움츠리고 앉아 보내는 시간, 소파에 웅크려 보내는 저녁 시간 때문에 우리의 몸은 힘과 균형과 유연함을 많이 잃어버렸다. 기울어지고, 비틀거리고, 터벅터벅 걷는 동안 우리의 발에 있는 159개의 뼈, 근육, 관절은 거의 쓰이지 않았다.

좋지 않은 걸음걸이는 우리의 전반적인 움직임을 결정한다. 스포츠 과학자 조안나 홀Joanna Hall은 현재 우리의 생활방식이 걸음걸이에 해로운 영향을 미친다고 주장한다. 너무 오랜 시간 앉아있으면 고관절 굴곡근이 굳고, 위가 아래로 쳐진다. 책상이나 노트북 앞에 웅크리고 있으면 목과 머리가 부자연스럽게 앞쪽으로 돌출되며 척추가 굳고 등 근육의 움직임이 제한된다. 또, 몸을 앞으로 숙인 채 오랜 시간을 보내면 척추의 굴곡을 제어하는 작은 자세 근육들이 약해지며 허리에 통증이 생긴다.

불편한 신발을 신고 걸으면 발가락 경련이 생기고 근육이 굳기 때문에 우리는 탄력 있고 완만한 발걸음(홀은 이를 능동적 걸음걸이라고 부른다)이 아닌 단조롭고 무거운 발걸음으로(홀은 이를 수동적 걸음걸이라고 부른다) 땅을 밟게 된다. 이렇게 발바닥을 고르게 사용하지 않고 땅을 밟으면 골반 정렬이 틀어질 위험이 커진다. "우리는 정확한 때 정확한 근육을 정확한 방법으로 사용하는 방법을 배워야 합니다." 홀은 내 걸음걸이를 고쳐주며 이렇게 말했다.

지난 25년 동안 사람들이 체형에 맞는 걸음걸이를 찾을 수 있도록 도운 홀은 우리가 걷는 방법을 다시 배워 부상과 관절에 가해지는 압박을 피하고 속도를 높여 더 오래 걸어야 한다고 말한다. 런던 사우스뱅크대학에서 진행한 어느 연구는 가동범위를 최대한 넓힌 상태에서 한 달 동안 걸으면 걷는 속도도 빨라지고 골격의 정렬도 개선된다는 결과를 밝혀냈다. 홀의 다른 조언들은 다음과 같다.

- 다리 뒤쪽 근육을 사용해 뒷발로 밀어내며 걷자.
- 발꿈치부터 발가락까지 닿게 하며 발가락을 모두 사용해 앞으로 걷자.
- 갈비뼈와 척추 밑부분을 곧게 세워 복근을 활성화하고 코어에 공간을 만들자.
- 목을 길고 곧게 뻗어 척추가 자유롭게 움직일 수 있도록 걸으면서 오랫동안 컴퓨터 앞에서 굳은 근육을 풀어주자.
- 팔꿈치로 추진력을 얻을 수 있도록 팔을 자유롭게 흔들며 걷자. 파워 워킹을 하는 것이 아니라, 부드럽게 움직이는 진자처럼 활용하는 것이다. 손은 주먹을 쥐지 않고 자연스럽게 편다.

하버드 의과대학 의사들은 3~6미터 앞을 응시하고 머리 높이보다 눈높이를 살짝 낮춰 땅을 확인하며 걸어야 한다고 말한다(머리를 똑바로 세우면 목 통증을 줄일 수 있다). 또한 "약간의 회전이 걸음에 힘을 실어줄 수 있으니 골반을 아주 살짝 회전시키며 걷고, 보폭이 너무 커지지 않게 주의하며 집중해야 한다"고 덧붙였다.

물론 아무것도 바꾸지 않고 자신만의 방법으로 걸어도 된다. 하지만 홀의 말에 따르면 "걸음걸이를 고치면 관절과 척추가 굳어질 가능성을 낮출 수 있다." 하버드 의과대학에서도 이와 비슷하게 몸에 밴 나쁜 걸음걸이는 쉽게 교정할 수 있으며, 이를 통해 부상을 피하면서 좀 더 건강에 도움이 되는 방식으로 즐겁게 걸을 수 있다고 주장했다.

걸음걸이를 바르게 고친다는 것은 우리가 원할 때 더 빨리 걸을 수 있게 된다는 의미다. 모든 걷기 운동은 건강에 좋고, 어떤 경우에는 천천히 걷는 것이 더 좋을 때도 있지만 여러 연구 결과는 한 시간에 6~7킬로미터(분당 100~130걸음) 정도의 빠른 걸음이 건강에 더 도움이 된다고 말한다. 2019년 한 연구는 빨리 걷는 사람이 느리게 걷는 사람보다 수명이 길다는 사실을 발견하며 빠른 속도로 걷는 것이 주요 건강 상태에 부정적인 영향을 미칠 위험을 줄여준다고 결론지었다. 우리는 일상 속에서 학교에 갈 때, 직장에 갈 때, 쇼핑하러 갈 때 늘 빠르게 걸을 수 있다.

걸음걸이를 고치면 더 오랜 시간 걸을 수 있게 된다. 연구 결과에 따르면 걷는 시간이 길어질수록 체내 지방 제거에 특히 큰 효과를 볼 수 있고 기분도 좋아진다고 한다. 힘들이지 않고 자연스럽게 걸을 수 있는 시간이 늘어나면 걸을 기회도 늘어난다. 장거리 하이킹을 갈 수도 있고, 순례길을 걸을 수도 있고, 강을 따라 바다까지 걸을 수도 있고, 전에 차로만 지나던 곳을 걸어볼 수도 있다.

하지만 걷는 방법을 다시 배워야 하는 이유가 하나 더 있다. 우리 몸이 지닌 탄성과 우아함을 느끼며 바른 자세로 걸으면 더 큰 행복감을 느낄 수 있고, 우리 자신에 대한 확신도 커진다. 마치 팔다리에 새롭게 스며든 가벼움이 마음으로 전해져 일상 속 걱정과 제약을 풀어주는 것처럼.

유용한 팁

자신의 걸음걸이가 어떤지 생각해보고 위의 조언과 제안을 하나씩 시도하며 조절해보자. 조금 더 곧은 자세로, 조금 더 가볍게, 조금 더 빠르게 걸어야 한다. 친구에게 걸음걸이, 자세, 정렬을 봐 달라고 하거나, 걷는 모습을 동영상으로 찍어 살펴보는 것도 좋다.

걸음걸이 교정에 도움을 받고 싶다면, 관련 전문가를 찾아보거나 온라인 프로그램을 활용할 수 있다.

신발이 걸음걸이에 영향을 미친다는 사실을 기억해야 한다. 발에 잘 맞고, 편하고, 뒤꿈치 높이가 낮으면서도 목적에 맞는 신발에 과감하게 투자하자. 가방도 걸음걸이에 영향을 준다. 배낭이나 허리에 차는 작은 가방을 고르는 것이 좋다. 등산 스틱을 활용하면 자세와 걸음걸이 교정에 도움이 된다. 자신의 키에 맞춘 등산 스틱 한 쌍을 사용해보자.

3

걷고, 웃고, 인사하고, 반복하기
Walk, Smile, Greet, Repeat

2005년, 영국 심리학자 클리프 아널Cliff Arnall 박사는 1월 셋째 주 월요일을 1년 중 가장 슬픈 날로 정했다. 나쁜 날씨, 어두운 밤, 실패한 신년 계획, 크리스마스 이후에 쌓인 빚이 모여 공통적이고 집단적인 우울함으로 드러나는데, 그는 이날을 '우울한 월요일Blue Monday'이라고 불렀다.

아널은 이를 방지하려면 휴가 이후를 미리 생각해보라고 말했다. 나는 그보다 집 주변 산책이 더 효과적이라고 생각한다. 산책하다 만난 이웃이나 처음 보는 사람과 웃으며 인사하다 보면 몸과 미 음에 긍정저인 영향을 받기 때문에 행복하게, 감사한 마음으로 집에 돌아올 수 있다. 마주치는 사람들과 꼭 대화하지 않아도 된다. 미소 한 번이면 충분하다.

2020년 사우스오스트레일리아 대학에서 진행한 한 연구는 미소 짓는 행위(억지로라도)가 우리의 정신을 속여 현재 상태가 좀 더 긍정적이라고 믿게 할 수 있다는 사실을 발견했다. 실험 참여자들은 펜을 이에 물고 얼굴 근육을 웃는 모습과 비슷하게 만들도록 요청받았다. 이렇게 억지로 미소 지을 때 두뇌는 우리에게 조금 더 긍정적인 기분을 느끼게 하는 신경전달물질을 분비한다. 이 연구의 참여자들은 쾌활한 기분을 느꼈을 뿐 아니라 타인을 포함한 주변 환경이 더 생기 있게 보였다고 말했다. 억지로 지은 미소가 사실상 세상을 보는 시각을 바꿔준 것이다.

내가 생각하는 걷기는 미소를 만들어내는 행위다. 미소를 만들어낼 때 일어나는 신경학적 반응은 기분을 좋게 하고 불길한 예감을 줄여준다. 물론 만들어낸 미소를 보면 언뜻 인위적인 느낌이 들지만, 내 경험에 따르면 얼마 지나지 않아 그 미소는 완전히 자연스러워진다. 지나가는 사람들과 함께 미소 짓는 일은 만들어낸 미소를 진짜 미소로 바꾸는 가장 빠른 방법이다. 그리고 이러한 상호작용은 우리의 기분을 좋게 하는 데 도움이 된다.

심리학자 에릭 웨슬만Eric Wesselmann은 연구를 통해 이러한 짧은 소통의 순간이 우리에게 소속감을 주기 때문에 매우 중요하다는 사실을 발견했다. 웨슬만의 연구 참여자들은 다른 사람이 자신을 인지했을 때(미소, 고개 끄덕임, 상호 눈 맞춤 등) 그렇지 않을 때보다 자존감을 크게 느꼈다고 보고했다. 다른 연구들은 인사를 받은 사람이 다른 사람들에게 미소짓거나 인사할 가능성이 더 크다는 사실을 밝혔는데, 이는 일종의 캐스케이드 효과(어떤 현상이 기하급수적으로 증가하는 것)로 우리가 조금 더 기쁜 마음과 희망을 품고 하루를 시작할 수 있게 해준다.

미소짓기가 우울한 기분이나 마음속 황량함을 몰아내는 유일한 방법은 아니다. 2009년 오하이오 주립대학에서 진행한 한 연구에서는 자세를 곧게 교정했을 때 자신에 대한 믿음이 더욱 커진다는 사실을 발견했고, 2018년 샌프란시스코 주립대학에서 진행한 연구에서는 자세가 곧은 학생들의 수학 성적이 그렇지 않은 학생들보다 높다는 결과가 나왔다.

걷기, 인사, 미소짓기는 우리의 기분을 좋게 해주는 것 그 이상의 역할을 한다. 안토니아 말치크Antonia Malchik가 『걸으며 사는 삶 A Walking Life』에서 말했듯 걸으면서 타인을 인지하고 인사를 나누는 행위는 역사적으로 인류가 사회 자본을 구축하기 위해 활용한 방법이다. 걸으며 상호작용하는 것은 공동체를 하나로 훌륭하게 엮어내는 끈끈한 실이다. 그리고 우울한 월요일을 포함한 수많은 연구는 우리의 행복에 공동체가 얼마나 중요한 역할을 하는지 보여준다.

<hr />

유용한 팁

언제나 안전을 최우선으로 생각하자. 모르는 사람에게 인사하거나 미소를 지을 때는 오해하지 않을 상황이어야 한다. 익숙해지면 입꼬리를 조금 올려보고 밖으로 나가 지나가는 사람에게 인사하며 심술궂은 마음, 의심, 실망, 패배감을 몰아내자.

올바르게 걷는 방법을 배우면 미소지으며 인사할 더 큰 자신감을 얻을 수 있다. 어깨를 펴고, 허리를 세우고, 턱을 들고, 팔을 흔들며 걷는 것도 같은 이유다. 우리의 몸이 뇌에서 기분을 좋게 하는 신경전달물질이 나오도록 속임수를 쓸 수 있기 때문이다.

<hr />

4

느리게 천천히 걷기
Just One Slow Walk

2년 전 발의 뼈가 부러진 적이 있었다. 병원에서는 집에 돌아가 다리를 높이 올리고 가만히 앉아있으라는 조언을 들었다. 나는 책을 많이 사서 소파에 앉아 몇 주를 보냈다. 며칠 뒤 의사로부터 걷는 건 좀 어떠냐는 전화가 왔다. "걷는 거요? 저는 지금 걸을 수가 없어요!" 의사는 침착하고 확신에 찬 목소리로 의료용 신발을 신고 걸으라고 말했다. 목발이나 지팡이를 사용해도 좋고, 자주 쉬어도 좋고, 원하는 만큼 천천히 걸어도 좋다고 설명했다. 하지만 걷는 것 자체는 반드시 해야 한다고 말했다. 의사는 이렇게 덧붙였다 "스스로 이렇게 천천히 걸어도 괜찮다고 생각할 때가 언제 또 있겠어요?"

전반적인 건강 증진 효과를 얻으려면 빨리 걸어야 좋다고 하지만, 천천히 걷기도 그만큼 효과적일 수 있다. 최근 연구 결과에 따르면 천천히 걷는 운동을 매일 하면 원하는 만큼 쉬며 걷는다고 해도 장기적으로 강력한 효과가 있다. 어떤 미국 연구진이 활동적인 엄마 쥐가 낳은 새끼 쥐는 활동적이지 않은 엄마 쥐의 새끼들보다 건강하다는 결과를 발견한 뒤 이 실험을 사람에게 적용해보기로 했다. 연구진은 활동 추적기를 활용해 여성 150명의 임신 기간과 아이를 낳은 후 초반 시기를 추적했다. 정기적으로 모유를 검사한 결과, 더 많이 걸을수록 3′-SL(올리고당 3′-시알릴락토스)이라는 복합물이 모유에 충분히 생성되었다. 3′-SL이 풍부한 모유를 먹은 아이는 당뇨, 심장병, 비만에 걸릴 위험이 낮아진다고 한다. 또 다른 연구는 풍부한 3′-SL이 아이의 학습 능력, 집중력, 기억력을 증진한다는 사실을 밝히기도 했다. 하지만 연구진을 놀라게 한 사실은 운동 강도가 중요하지 않다는 것이었다. 매일 천천히 걷기만 해도 3′-SL은 충분히 생성된다.

한 연구는 40대 이상 성인 3만6천 명을 약 6년간 추적했고, 과학자들이 팀을 이뤄 이들의 운동량, 운동 종류, 운동 빈도를 기록했다. 그 결과 정도나 강도와 관계없이 모든 운동이 사망 위험을 크게 줄이는 것으로 나타났다. 하루에 한 번 천천히 걷기만 해도 이 모든 효과를 얻을 수 있다.

스포츠 과학자들은 만삭인 사람, 나이가 많은 사람, 부상에서 회복하는 사람 등 거의 모든 사람이 천천히 걷기를 할 수 있다고

말한다. 핵심은 걷는 방식을 개선하는 것이다. 핀란드의 한 연구진은 등산 스틱을 사용하고, 속도가 느리고, 자주 쉬더라도 장거리를 계속해서 걷는 노인이 걷기가 너무 힘들고 어렵다며 시도하지 않는 노인보다 독립적이고 정신과 신체 건강이 좋다는 사실을 발견했다.

한 시간만 앉아있더라도 다리에서 심장으로 가는 혈액이 50%까지 감소하며 콜레스테롤 수치에 영향을 주고 심장과 신진대사를 위협할 수 있다. 미국 연구원들은 한 시간마다 천천히 5분만 걸어도 이러한 위험이 낮아진다고 말한다. 연구원들이 남성으로 이루어진 그룹에 한 시간에 5분씩 시간당 3.2킬로미터의 속도로 움직이도록 하자, 오래 앉아있어도 더는 심장 건강이 나빠지지 않았다. 이 연구팀은 가벼운 움직임이 도움이 된다는 결론을 내렸다.

마스트리흐트대학의 한 연구진도 학생 18명을 대상으로 한 실험에서 비슷한 결과를 도출했다. 가장 긴 시간 동안 느린 속도로 걸었던 학생들이 한 시간 동안 미친 듯이 자전거를 타고 나머지 시간은 책상 앞에서 보낸 학생들보다 콜레스테롤과 트라이글리세라이드(중성지방) 수치가 현저히 낮고, 훨씬 건강한 인슐린 수치를 보였다. 천천히 오래 걷는 것이 고강도로 짧게 걷는 것보다 좋을 수 있다는 사실을 관찰한 한스 사벨베르크Hans Savelberg 교수는 앉아있는 시간을 줄이는 것이 가장 중요하다고 덧붙였다. 다른 연구들에 따르면 과체중인 사람에게는 천천히 오래 걷는 것이 더 많은 열량을 태우고 관절에도 무리가 덜 가기 때문에 더 좋을 수 있다고 한다. 한 연구는 시간당 3.2킬로미터의 속도로 느긋하게 걸으면 시간당 5~7킬로미터로 빠르게 걸을 때보다 관절의 부담이 25%까지 줄어든다는 사실을 발견하기도 했다. 하버드 의대의 에드워드 필립스Edward Phillips 박사가 중년을 대상으로 한 또 다른 연구는 하루에 느긋하게 걷는 8천 걸음이 죽음과 삶을 가르는 극적인 차이를 만든다는 사실을 밝혔다. 한 마디로, 강도보다 거리가(속도나 휴식 빈도와 관계없이) 훨씬 중요하다.

고요하고 서두르지 않는 느긋한 산책의 평온함은 새로운 아이디어를 떠올리는 것부터 저녁 식사 후 소화까지 많은 부분에 도움이 된다. 천천히 걸으면 호흡을 조절할 수 있기 때문인데, 이러한 호흡은 횡격막에서 정상적인 호흡 속도의 절반으로 나오는 깊고 느린 호흡(대략 1분에 일곱 번)이다. 이렇게 호흡을 조절하면 마음이 평온해질 뿐 아니라 심장박동과 혈압을 내려주기도 한다. 신경 방사선학자 수잔 르블랑Suzanne LeBlang은 이런 호흡이 두뇌의 스트레스 화학 물질을 줄이는 미주신경을 자극해 우리의 정맥과 동맥을 둘러싼 근육 세포를 이완하고 확장하며 혈액이 더욱 자유롭게 순환할 수 있도록 만든다고 말했다.

━━━━━━━━━━━━━━━━━━〈 유용한 팁 〉━━━━━━━━━━━━━━━━━━

재활 목적으로 천천히 걷기 운동을 한다면 먼저 의사와 상의한 후 평평한 곳을 걷자. 오염된 곳이나 차들이 움직이는 길은 피하자. 오염물질은 알츠하이머부터 파킨슨병, 천식까지 아주 많은 질환으로 이어지며, 연구가 심화할수록 그 목록은 점점 길어지고 있다.

초록이 있는 곳을 걷자. 2만 명을 대상으로 한 연구 결과 한 번이라도 일주일에 두 시간씩 식물이 있는 공간에서 보낸 사람들은 정신과 신체 건강이 좋을 가능성이 훨씬 컸다. 반면, 일주일에 두 시간 미만으로 시간을 보낸 사람들은 아무런 이득을 얻지 못했다.

속도가 느리거나 거리가 점점 줄어든다고 해서 자신을 깎아내리지 말고, 걷기를 좋아했던 작가 클라라 비비안Clara Vyvyan의 말을 기억하자. "3킬로미터를 걷는 것도 30킬로미터를 걷는 것만큼 풍요롭고 보람 있을 수 있다."

5

호흡하며 걷기
Breathe As You Walk

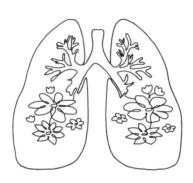

18세기 독일 철학자 임마누엘 칸트는 매일 오후 다섯 시에 산책 하는 것으로 유명했다. 칸트가 살던 마을의 주민들이 그의 산책 시간에 맞춰 시계를 맞출 정도로 칸트는 자신의 루틴을 꾸준히 유지했다. 칸트는 시간만큼이나 호흡에 매료되었다. 실제로 그는 코만 활용해 호흡하는 기술을 발명했다. 과학자들이 건강 증진에 있어 코 호흡의 역할을 인지하기 무려 250년 전이다. 칸트는 결코 그 누구와도 함께 걷지 않았는데, 대화를 나누다가 무심코 입으로 숨을 들이마실까 봐 두려워서였다고 한다. 칸트는 80번째 생 일을 맞을 때까지 살았고, 이는 1804년 당시로 보면 경이로운 나 이였다.

현재 과학자들은 코 호흡이 정신에 미치는 긍정적인 영향이 평온함 그 이상이라고 믿는다. 걷는 것은 호흡을 연마할 수 있는 가장 좋은 시간이다. 그러니 걷자. 그리고 코로 숨을 들이쉬고 내쉬자. 우리가 코를 통해 숨을 들이쉴 때 공기 중에 있는 병원균, 알레르기 유발 물질 등 유해 물질을 걸러내기 위한 과정이 일어난다. 우리의 비강은 산화질소ᴺᴼ를 생산하며, 이는 폐로 흐르는 혈액의 흐름을 증가하게 해 혈액 속 산소량을 증폭시킨다. 반면 입으로 숨을 쉴 때는 코에서 이루어지는 여과 시스템을 활용할 수 없을 뿐 아니라 산화질소를 생산할 수 없으므로 코 호흡을 통해 들어오는 여분의 산소를 세포에서 빼앗는 것과 같다.

산화질소는 코에서 곧바로 폐까지 운반되는데, 약리학자들의 말에 따르면 폐에 들어온 산화질소는 폐 속에서 복제될 수 있는 바이러스성 호흡기 염증(코로나바이러스 같은)을 막아주는 동시에 우리 몸에 산소와 혈액이 더욱 잘 흐를 수 있게 해준다고 한다.

사스ˢᴬᴿˢ와 코로나19 대유행 시기에 연구원들은 산화질소가 폐에 바이러스가 퍼지는 것을 막아줄 수도 있지 않을까 추측했고, 연구 결과는 이들의 추측이 정확했음을 증명했다. 한 연구에서는 폐렴에 걸린 환자들이 산화질소를 들이마셨을 때 회복 가능성이 크다는 결과가 나왔다. 또 다른 연구에서는 입으로 호흡하는 사람이 기도 내 산화질소가 적고, 심장병, 피로, 염증, 두통, 스트레스, 구취, 충치 등과 같은 질병에 걸릴 위험이 크다는 사실을 발견했다. 연구원들은 코 호흡을 통해 생성된 여분의 산화질소가 우리 몸의 바이러스양을 줄여 면역 체계가 더 잘 싸울 기회를 줄 수 있을 것으로 추측한다.

산화질소의 역할을 발견한 공로로 1998년 노벨상을 받은 약리학자 루이스 이그내로Louis Ignarro 교수의 말에 따르면, 우리는 산화질소를 계속 생성할 수 있도록 코로 호흡함으로써 산화질소가 최대한 폐로 전달될 수 있도록 적절하게 호흡하는 연습을 해야 한다. 또한, 코 호흡은 전반적인 신체 건강 증진에 도움을 준다. 제임스 네스터James Nestor는 『호흡의 기술』에서 코 호흡을 자세히 다루며 코로 호흡하면 혈압이 낮아지고, 수면에 도움이 되고, 소화를 촉진하고, 뼈를 튼튼하게 하고, 심지어 두뇌 기능을 향상할 수도 있다고 주장했다. 그가 직접 운동하며 코 호흡과 입 호흡을 비교해본 결과 몸을 움직일 때 코로 호흡하면 인내심이 증진되고 피로가 줄어들지만, 입으로 숨을 쉬면 피로, 어지러움, 구취가 발생했다.

걸을 때는 입을 닫고 턱과 혀를 비롯한 얼굴 근육을 자연스럽게 이완하며, 천천히 코로 숨을 들이마시고 입이나 코로 내쉬어야 한다. 걷는 속도가 빨라지면 이렇게 호흡하는 것이 점점 힘들어진다. 하지만 정신을 집중하고 계속해보면 감기도 덜 걸리고, 더욱 활력이 넘치며, 더 큰 평온함을 얻게 될 것이다.

네스터는 정확한 호흡법을 익혀야 최상의 건강 상태를 얻을 수 있다고 말한다. 여기서 정확한 호흡법이란 5.5초 동안 숨을 들이마신 후 같은 시간 동안 내뱉는 느리고 깊은 숨인데, 이렇게 하면 1분 당 숨 5.5번이라는 수학적으로 만족스러운 결과가 나온다.

코 호흡법을 더욱 발전시키고 싶다면 걸을 때 콧노래를 불러보자. 한 연구는 콧노래가 코로 들어가는 공기에 진동을 만들어 현저히 많은 산화질소를 생성시킨다는 사실을 발견했다. 실제로 콧노래를 부르는 사람들은 그렇지 않은 사람보다 산화질소를 15배나 더 생성해냈다.

자세도 완벽하게 유지하자. 목을 곧게 세우면서 가슴과 어깨를 펴면 더욱 수월하게 호흡할 수 있다. 추운 날씨에 코로 숨을 쉬면 콧물이 흐를 수도 있으니까 휴지도 챙기자.

6

진흙 속에서 걷기
Take a Muddy Walk

진흙이나 젖은 흙이 있는 길은 산책하기 꺼려질 수 있다. 미끄러지거나 발이 젖거나 신발이 망가질까 걱정하며 진흙길 보다는 아스팔트 길을 선택하기 쉽다. 하지만 우리는 아스팔트 길보다 축축하고 질척거리는 길을 찾아 걸으며 숨을 깊게 들이마셔야 한다.

토양균에서 페니실린을 발견한 이후 과학자들은 흙이 지닌 건강과 치유 효과를 계속해서 조사했다. 2015년 미국 노스이스턴대학 연구원들은 흙에서 발생한 항생 물질이 포도상구균과 결핵의 내성균을 죽인다는 결과를 발표했다. 미국 러셀세이지대학에서 진행된 한 연구는 작은 땅콩버터 샌드위치에 들어있는 토양균 마이코박테리움 박케를 섭취한 쥐들이 새로운 것을 더욱 효율적으로 배우고 미로 속을 더 빨리, 더 능숙하게 돌아다닌다는 사실을 보여주었다. 그들은 「뉴사이언티스트」에 마이코박테리움 박케를 섭취한 쥐들은 그렇지 않은 쥐보다 "미로에서 두 배 빠르게 길을 찾았고, 불안 반응은 반으로 줄어든 모습을 보였다"고 발표했다.

이 토양 미생물이 지닌 기분 향상 효과는 종양학자 마리 오브라이언Mary O'Brien 교수에 의해 우연히 발견되었다. 오브라이언 교수는 이 박테리아로 혈청을 만들어 폐암 환자에게 주입하며 면역체계 향상을 기대했다. 그리고 환자들의 기분이 좋아진다는 생각지 못한 효과를 발견했다. 혈청을 주입한 환자들은 그렇지 않은 환자와 비교했을 때 더 큰 행복감과 고통 감소를 경험했다고 말했다. 또, 신기하게도 이들은 이전보다 에너지 넘치고 더욱 뚜렷하게 사고할 수 있었다. 브리스톨대학에서는 쥐에게 해당 박테리아를 주입한 뒤 세로토닌이 생성되는지 관찰하는 방법으로 오브라이언 교수의 결과를 시험했다. 실험 결과 마이코박테리움 박케를 주입한 쥐는 그렇지 않은 쥐보다 더 침착한 반응을 보였다.

정원사들은 이 결과에 열광적인 반응을 보였다. 이들은 흙에서 일하면 기분이 아주 좋아진다는 사실을 이미 알고 있었기 때문이다. 연구자들은 흙에서 나온 세로토닌이 불안감 완화뿐 아니라 집중력도 높여주지 않을까 추측했다. 연구 결과 이들은 "야외에서 활동하며 이러한 유기체를 접하는 것이 이롭다는 사실을 확실하게 말할 수 있다. 마이코박테리움 박케가 있는 야외에서 시간을 보내면 불안감이 줄어들거나 새로운 일을 배우는 능력이 증진될 가능성이 있다"고 보고했다.

진흙이나 흙과 가까워지면 소화기관에도 이롭다. 오스트레일리아의 한 연구에서는 품질 좋은 흙에 노출된 쥐들이 품질 낮은 흙에 노출되었거나 아예 노출되지 않은 쥐보다 몸속 미생물생태계가 더 다양하고 불안감을 적게 드러낸다는 사실을 발견했다. 더 중요한 점은 품질 좋은 흙에 노출된 쥐들의 미생물생태계에 낙산염이 풍부했다는 것이다. 낙산염은 가장 많이 연구된 미생물이며, 현재 과학자들은 낙산염이 지닌 항암과 항염 작용을 조사하고 있다. 흙(특히 숲 바닥에 있는 흙)은 일단 소화기에 들어가면 장에서 낙산염을 만들어내는 박테리아를 생성하며, 이는 다양한 생명이 사는 흙에 노출되면 소화기관과 정신건강 모두 좋은 영향을 받을 수 있다는 사실을 의미한다.

특히 농장의 진흙과 흙에 노출되면 천식 위험이 줄어든다. 알레르기 전문가이자 영국에서 손꼽히는 소아과 의사인 헬렌 콕스Helen Cox는 「뉴잉글랜드 저널 오브 메디슨」에 게재된 연구를 포함한 다양한 연구에서 "농장에서 자란 아이들이 다양한 박테리아에 노출되는 것은 낮은 천식 발병률과 연관성이 있다"는 사실을 밝혔다.

한편, 젖은 흙에서 생성되는 지오스민이라는 물질은 마음을 편안하게 해준다. 우리는 이 풍부한 향기를 아주 예민하게 잡아내는데, 수영장에 단 일곱 방울만 떨어뜨려도 감지할 수 있을 정도다. 진화심리학자들은 우리가 지오스민 향기에 편안함을 느끼고 안심하는 이유는 우리의 먼 조상들에게 이 냄새가 곧 물과 비옥한 흙이 있다는 의미였기 때문이라고 주장한다. 그들에게 지오스민은 곧 생존의 냄새였다.

이렇듯 증거는 아주 분명하다. 그러니 우리는 흙과 진흙이 있는 곳을 걸을 기회를 즐겨야 할 뿐 아니라 어떤 때에는 손을 뻗어 만져보며 폐에 흙 향기를 가득 채우고, 너무 빨리 씻어내지 않도록 해보아야 한다. 진흙 속이나 자갈 비탈, 조약돌 길, 습지와 같이 평평하지 않은 곳을 걸으면 균형감각을 발달시키는 데에도 아주 효과적이다. 휘청거리고 기울어지며 걷는 동안 우리 몸의 코어에 있는 서로 다른 근육 29개가 열심히 움직이며 우리가 넘어지지 않고 안정적으로 균형을 잡을 수 있도록 도와주기 때문이다.

유용한 팁

숲 바닥에 있는 나뭇잎 섞인 흙, 해변의 촉촉한 모래, 강변에 있는 진흙 등 산책하는 길에 있는 축축한 흙을 만져보고 냄새도 맡아보자. 땅을 막대기로 찔러서 지오스민이 방출되게 해보자.

넘어지거나 미끄러질까 봐 두렵다면 등산 스틱이나 팔을 활용해 균

형을 잡고, 내딛는 걸음마다 공간지각능력, 균형감각, 코어 근육이
좋아진다고 생각해보자.

7

단 12분의 짧은 걷기
Take a Twelve-Minute Walk

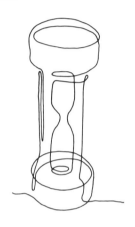

누구에게나 도저히 걸을 시간이 없는 날들이 있다. 아버지가 갑작스러운 심장마비로 돌아가신 후 나는 몇 주 동안 정신없고 몹시 피곤한 날들을 보냈다. 이 상황에서 걸을 시간을 낸다는 것은 말도 안 되는 것 같았다. 하지만 이렇게 너무 바쁘고 감정적으로 피로할 때가 가장 몸을 움직여야 할 시간이다. 누군가를 잃는 슬픔이나 스트레스는 염증을 일으키고, 면역력을 떨어뜨리고, 심장병의 위험을 높이며 우리의 몸을 변하게 한다.

　내가 슬픔에 빠져 웅크리고 있다가 미친 듯이 과열된 상태로 계획을 세우며 움직이는 일을 반복하며 건강을 해치고 있을 때, 매사추세츠 종합병원에서 진행한 연구 하나가 내게 밖으로 나가 걸을 수 있는 원동력을 주었다.

그 연구는 단 12분만 걸어도 건강에 극적인 영향을 주기에 충분하다고 말했다. 이 연구를 진행한 병원 연구원들은 중년 남성과 여성 411명을 대상으로 한 혈액 검사를 통해 대사물질 588개를 관찰했다. 운동 전후에 대사물질 프로파일링이라고 부르는 관찰 과정을 진행하며 연구원들은 운동이 각 대사물질에 영향을 미치는 방식뿐 아니라 이러한 변화가 나타나는 데 필요한 운동량도 결정할 수 있었다.

대사물질은 우리 몸이 얼마나 잘(혹은 잘못) 기능하고 있는지와 더불어 세포들이 얼마나 효과적으로 회복하고 있는지를 보여주는 작은 분자들이다. 의사들은 대사물질을 신체 내부에 어떤 일이 일어나는지 측정하는 생물학적 지표로 활용하거나, 신진대사 건강을 확인하거나, 심장 상태를 검사하는 용도로 활용한다.

이 연구를 진행한 연구원들은 12분 동안 빠르게 걸은 뒤 이 생물학적 지표 중 80% 이상이 좋은 쪽으로 변화했다는 사실을 발견했다. 변화한 대사물질 502개 중에는 글루탐산염도 있었다. 우리 모두의 몸에는 글루탐산염이 숨어있는데, 스트레스나 독성에 노출될 때 두뇌에서 분비된다.

글루탐산염 과잉은 심장병, 당뇨, 낮은 수명, 뇌세포 부족, 뇌의 수축을 의미하는 생물학적 지표로 해석된다. 연구원들은 12분 운동이 특히 글루탐산염 농도를 29%까지 낮춘다는 사실을 발견했다. 간 질환과 당뇨에 관련된 대사물질은 18%까지 떨어졌고, 저장된 지방 파괴를 돕는 대사물질은 33%까지 증가했다.

"짧은 운동만으로도 인슐린 저항성, 산화 스트레스, 혈관 반응도, 염증, 장수와 같이 주요 신체 기능을 통제하는 대사산물 순환 수치에 큰 영향을 미친다는 사실이 가장 놀라웠습니다." 연구 저자 그레고리 루이스Gregory Lewis는 「맨즈 헬스」에서 이렇게 설명했다. 내가 특별히 이 인터뷰를 메모했던 이유는 루이스 박사가 매사추세츠 종합병원 심부전 부서의 부장을 맡고 있기 때문이기도 했다. 아버지께서 심부전으로 돌아가신 이후로 나 역시도 슬픔에 잠긴 밤을 보낼 때 종종 가슴이 꽉 조이는 듯한 통증을 느껴왔기 때문이다.

이런 슬픔과 애도를 겪는 사람이라면 매일 걷는 것이 그 어느 때보다 중요하겠다는 생각이 들었다. 그래서 나는 산더미처럼 쌓인 서류를 뒤로하고 끊임없이 소파로 향하려는 중력을 끊어내기 시작했다.

중요한 것은 단 하나였다. 이 연구는 내게 꼭 활기차고 강렬한 걷기 운동이 아니라도 느릿한 산책만으로 충분하다는 사실을 분명히 알려주었다. 심장박동이 올라가고 살짝 숨이 차고 땀이 나는 빠른 걸음 혹은 오르막길 걷기가 가장 좋다. 나는 12분짜리 산책로를 찾아 하루에 한 번 가능한 한 빨리 걸었다.

빠른 걸음은 100걸음쯤이라고 생각하면 된다. 휴대전화 타이머로 60초를 맞춰두고 100걸음을 걸어보자. 100걸음을 다 걷기 전에 타이머가 울리면 다시 페이스를 조절해본다. 계속 빨리 걸을 수 없다면 짧게 1~2분 동안 평소보다 속도를 올려 걸은 뒤 다시 원래 속도로 돌아가 보자. 그다음 이를 반복한다.

올바른 자세로 걸으면 속도를 올리는 데 도움이 된다. 아주 바쁜 날에는 운동화를 신는 것 말고는 아무 신경도 쓰지 않을 수 있도록 현관문에서부터 12분 정도 걸리는 산책로를 만들어두자. 누구라도 12분은 시간을 낼 수 있다. 낮에 너무 바쁘다면 짧은 밤 산책이나 아침 식사 전 산책도 생각해보자. 연구 결과에 따르면 특히 여성에게는 한 번에 오래 걷는 것보다 여러 번 짧게 걷는 것이 혈압을 낮추는 데 더 효과적이라고 한다.

슬픔은 매우 고단하다. 아버지가 돌아가신 뒤 내 첫걸음은 빠르지 않았지만, 내 심장은 여전히 힘차게 뛰었다. 그러니 원하는 만큼 천천히 시작해보기를 바란다.

8

아름다운 경치 보며 걷기
Walk With Vista Vision

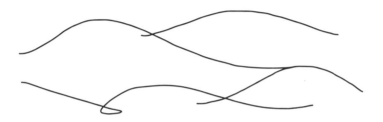

1987년, 의학박사 프란신 샤피로Francine Shapiro는 동네 공원을 산책하던 중 단순히 경치를 보는 것만으로도 불안감이 줄어들고 차분해진다는 사실을 깨달았다. 수년간 연구 끝에 그녀는 이 과정을 모방해 실내에서 치료사의 손 움직임만으로 이루어지는 심리 요법을 개발했다. 안구운동 둔감화 및 재처리 요법EMDR이라고 불리는 이 심리 요법은 외상 후 스트레스 장애PTSD를 겪는 환자 수천 명에게 성공적인 결과를 이끌어내며 50개 이상의 연구에서 유효성을 인정받았다. 이 요법의 성공은 산책하며 무의식적으로 일어난 눈의 움직임에 달려 있다. 이 심리 요법은 어떻게 작용하는 걸까?

우리가 앞을 향해 걸을 때, 두 눈은 자동으로 앞을 살핀다. 스탠퍼드 의과대학 신경과학자 앤드류 휴버맨Andrew Huberman은 이를 "파노라마 시야panoramic vision"라고 설명했는데, 우리 주변의 모든 광경을 받아들이는 시각을 의미한다. 파노라마 시야는 우리가 스크린을 보거나, 책을 읽거나, 휴대전화를 볼 때 활용하는 극도의 초점 시야와 반대되는 개념이다. 파노라마 시야를 활용할 때 우리는 '광학적 흐름'이라는 과정에 따라 풍경을 받아들인다. 광학적 흐름이란 우리가 현재 어디를 향하고 있고, 어떻게 해야 경로를 가장 잘 탐색할 수 있는지를 알려주는 시각의 실시간 이동이다.

우리 망막 뒤쪽에 있는 세포층은 두뇌 회로의 축소 모형과 같은데, 파노라마 시야를 활용하거나 움직일 때는 이 회로를 통해 균형과 관련된 시스템이 자극받기 때문에 넘어지지 않고 걸을 수 있다. 하지만 이 세포층의 또 다른 중요한 역할 한 가지는 불안감과 두려움 완화다. 여러 연구 결과는 광학적 흐름을 활용할 때 우리 눈이 미끄러지듯 풍경을 살피며 위험을 감지하는 편도체를 진정시킨다는 사실을 보여준다. EMDR 요법을 진행할 때도 트라우마를 남기는 기억들이 말이 아닌 눈의 움직임을 통해 성공적으로 처리되며 충격적인 기억이 더는 장애물로 남지 않고 잘 정리되어 저장될 수 있게 된다.

점점 더 많은 연구 결과가 망막 뒤에 있는 이 세포층이 해마에서 기억을 처리하고, 저장하고, 다시 불러오는 능력과 연결되어 있다는 사실을 보여주고 있다. 휴버맨의 연구에서는 스치듯 흐르는 넓은 시야가 우리를 훨씬 편안하고 차분하게 해준다는 사실을 보여주기도 했다. 휴버맨은 수렵 채집인 시기에 인류의 시야와 두뇌가 마실 물과 동물은 차분하게 탐색하고 필요할 때만 초점 시야로 바꿀 수 있도록 발달했을 것으로 추측한다. 오늘날 우리는 점점 더 많은 시간을 좁은 시야에 집중하며 유목 생활을 했던 선조들이 잊지 않기 위해 애썼던 파노라마 시야로부터 멀어지고 있다.

걷기의 치유 효과를 완전히 누리려면 눈도 함께 따라 걸어야 한다. 예를 들어 휴일에 새로운 장소에 가면 우리 눈 뒤에 있는 두뇌는 낯선 풍경을 살펴보고 확인하며 더욱 활발하게 움직인다. 공원을 돌아보거나 숲을 걸어보며 지금까지 가본 적 없는 새로운 산책로를 찾아보자. 늘 다니는 동네를 걸으면서도 시간을 들여 더넓은 풍경을 보고, 주의를 기울이며 아름다운 경치를 감상할 수 있다. 휴대전화에서 눈을 떼면 변하는 날씨가, 계절이 바뀌는 풍경이 보이고, 새의 목소리가 들린다.

고개를 뒤로 기울여 시야를 높인 채 걷다 보면 지금까지는 보이지 않던 건물의 미세한 부분, 나무가 만들어내는 지붕, 기묘한 모양을 한 구름, 각도에 따라 색이 바뀌는 새의 깃털이 눈에 들어온다. 휴버맨의 말에 따르면 우리는 파노라마 시야를 활용하며 시간을 보낼 때 여유로움과 이완을 크게 느끼지만, 반응 속도는 더 빨라진다고 한다.

걸을 때 주기적으로 눈을 들어 나무 꼭대기, 건물의 끝에서 하늘, 수평선으로 시선을 옮겨보자. 스카이라인을 따라 미끄러지듯 눈을 옮겨보자. 수평으로 시선을 움직이면 마음을 차분하게 하는 데 특히 효과적이라고 한다.

주변 시야에 집중해보는 것도 좋다. 주변 시야로 흘긋 고양이 혹은 갑자기 달려 나오는 자동차를 발견할 수도 있다. 주변 시야는 나이 들 수록, 자주 쓰지 않을수록 쇠퇴하는데, 걷기는 주변 시야 회복에 도움이 된다.

바로 앞에 있는 물체(예를 들면 나무)에 시야를 고정할 경우 주위를 둘러보며 걸을 때보다 속도를 23%까지 높일 수 있고, 훨씬 편하게 걸을 수 있다고 한다. 뒤로 걷기도 완전히 새로운 방법으로 파노라마 시야를 활용해 두뇌와 무릎의 힘을 기르는 방법이다.

9

바람 부는 날 걷기
Take a Windy Walk

1911년, 호주 지질학자이자
탐험가 더글러스 모슨^{Douglas Mawson}
은 남극으로 떠나는 원정을 이끌었다. 어둡고 추운 세상의 한 귀
퉁이에서 모슨과 그의 팀은 끝도 없이 미친 듯 몰아치는 바람을
최대한 이용하는 걷기 방법인 '허리케인 워킹'을 완성했다. 모슨
은 남극의 거센 바람을 잊지 못했다.

바람 속을 걷는 것의 어디가 그렇게 특별하길래 잊을 수 없다
고 하는 걸까? 거칠기로 유명한 바람(스위스의 푄^{Foehn}, 프랑스와 스
페인 사이의 알프스 냉풍, 이탈리아에서 알바니아를 거쳐 불어오는 보
라^{bora})이 지나는 곳에 사는 사람들은 양극화된 경험을 들려준다.

많은 사람이 고향에서 느낄 수 있는 거센 바람의 활기와 상쾌함을 사랑한다. 반 고흐 역시 질주하는 듯 열정적인 그림을 그리게 된 강렬한 영감이 프랑스 남부 지방의 겨울바람 미스트랄mistral에서 왔다고 말했다.

에리트레아에서는 바람을 툼 니파스라고 부르는데, 이는 자양분이 되는 바람, 영혼을 살찌우는 미풍이라는 의미다. 네덜란드에서는 바람이 부는 날 나가는 산책을 레커 어트와이언이라고 부르며, 이는 '기분 좋게 바람으로 가득차다'라는 의미다. 네덜란드에서 레커 어트와이언은 '감정 대청소'와 같다. 묵은 먼지들이 상쾌하게 쓸려가며 생기와 활기를 찾아 다시 시작할 준비를 하는 것이다.

생물기상학(대기 상태가 우리에게 주는 영향을 연구하는 학문)은 아직 걸음마 수준이지만, 바람에 관해서는 여러 이론을 제시했다. 40여 년 전, 과학자 리얼 왓슨Lyall Watson은 거친 바람이 특정한 스트레스 반응을 유발해 혈액과 온몸에 아드레날린을 분출시킨다는 가설을 세웠다. "신진대사가 활성화되고, 심장과 근육에 있는 혈관이 확장되고, 피부 혈관이 수축하고, 동공이 확장되고, 머리카락이 곤두서며 불안한 듯 가시를 세운다."

약 60년 전 이스라엘 과학자 두 명은 북아프리카에서 부는 덥고 건조한 바람인 샤라브sharav를 연구해 강한 바람이 우리에게 생리학적인 영향을 미친다는 사실을 알아냈다. 이들은 폭풍 같은 바람에 밀집된 이로운 이온들이 세로토닌 과다 분비를 촉진한다고

추측했다. 이후 이루어진 여러 연구 결과는 서로 엇갈렸지만 지금
은 많은 사람이 날씨에 영향을 받는다는 사실과 더불어 날씨에 대
한 선호도가 이따금 유전된다는 사실이 인정되고 있는데, 이는 특
정 기후에 대한 선호나 반감이 DNA에 새겨지는 것과 같다.

더운 날의 시원한 바람은 모두가 좋아하지만, 공격적이고 맹렬
힌 바람에 대한 선호 도는 크게 나뉘며, 걷는 도중 바람이 세게 불
때 몇몇 사람들은 기분이 향상되고 나머지는 기분이 가라앉았다
는 스웨덴의 한 연구 결과가 이를 뒷받침해준다. 어느 연구는 남
성보다 여성이 바람을 포함한 기후 환경에 더 빨리 반응을 보인
다는 사실을 밝혔다.

예술가 조지아 오키프Georgia O'Keeffe는 바람 부는 날에 걷는 것
을 아주 좋아했는데, 아마 네덜란드라는 뿌리에서 이어졌을 것이
다. 그녀는 편지를 쓰며 바람 부는 날 산책이 얼마나 신나고 상쾌
한 일인지 계속해서 표현하기도 했다. 오키프는 텍사스주의 거친
바람 속을 걸으며 엄청난 활기를 얻었고, 노곤함과 무기력을 날려
보냈으며, 모든 불만의 싹을 잘라냈다.

오키프는 사막과 평원을 걷기도 했지만, 바람 부는 숲을 걷는
것을 특히 좋아했다. 숲에 있을 때 우리는 사시나무, 버드나무, 소
나무 사이를 지나는 바람의 다채로운 음악을 즐길 수 있다. 바싹
마른 나뭇잎이 바닥을 구르는 소리, 나무 몸통이 갈라지는 소리,
기다란 나뭇가지가 움직이는 소리도 듣는다. 바람 부는 날의 호수
도 아름답다. 빛과 활기로 살아 움직이는 표면을 볼 수 있기 때문

이다. 해안에서는 부서지는 파도와 질주하는 듯한 물결을 감상할 수 있다. 어디든 바람 부는 날에 걷다 보면 우리는 그곳을 듣고, 보고, 느끼며 모든 감각으로 경험하게 된다.

　바람은 저항력을 길러주기도 한다. 바람 속에서 걷거나 바람 반대 방향으로 걸을 때 우리의 근육은 이를 단단히 버티고, 폐는 더욱 열심히 움직이게 된다. 바람이 뒤에서 앞으로 불 때는 복부 근육이 사용되며 균형을 잡도록 돕는다. 열량을 태우고 근육을 만드는 데 강한 바람 속에서 오르막길을 걷는 것만큼 효과적인 운동도 없다.

　바람이 오염물질을 분산시켜주기 때문에 바람 부는 날에는 특히 도시를 걷기 좋다. 도시와 더불어 농촌도 바람 부는 날에는 훨씬 한적해지는데, 사람뿐 아니라 모기나 날벌레들도 바람 부는 날을 피하기 때문이다(바람이 불면 우리가 숨을 뱉을 때마다 모기를 끌어들이는 이산화탄소도 날아가기 때문에 이런 날에는 모기에 잘 물리지 않는다). 우리만의 상쾌한 어트와이언을 즐길 기회를 잡아보자.

- (유용한 팁) -

누구나 강한 바람 속에서 걷는 것을 즐길 수 있다. 하지만 바람이 폭풍에 가깝다면, 다음 내용이 도움을 줄 것이다.

긴 머리나 스카프 등은 깔끔하게 묶자. 모자는 머리에 딱 붙거나 턱

아래에 끈을 묶을 수 있는 것으로 선택해야 한다. 헐렁하거나 펄럭일 수 있는 옷은 피하고, 주머니는 닫아두자. 차가운 바람이 불 때는 장갑을 끼고 바람막이를 입고 옷을 여러 개 겹쳐 입자.

바람이 뜨겁거나 건조하다면 피부와 입술에 수분을 자주 보충해주어야 한다. 바람에 먼지가 섞여오면 선글라스를 쓰자. 날카로운 바람을 피할 수 있는 경로를 선택하자. 절벽 가장자리, 벼랑, 노출된 지역, 가파른 산마루는 피해야 한다.

비닐로 된 지도 보호막이나 휴대전화 GPS를 활용하자. 등산 스틱을 사용하면 안정감과 균형감을 더할 수 있다. 바람이 시속 약 56킬로미터 이상일 경우에는 산책을 피하고, 바람이 특히 더 거셀 수 있는 언덕 꼭대기도 피하자.

바람 부는 날 걷다 보면 탈수 현상이 일어날 수 있으니 물을 자주 충분히 마시자.

10

일어난 후 한 시간 안에 걷기
Walk Within an Hour of Waking

"나는 너무 밝아지기 전에 밖으로 나간다." 작가 해리엇 마티노 Harriet Martineau는 1847년 이렇게 썼다. "이른 아침 산책의 가장 큰 장점은 일하기 전 마음을 정리하는 데 도움을 준다는 것이다." 마티노는 과학적 증명 없이도 이른 아침 산책이 주는 여러 장점을 알고 있었다. 그리고 현재 이 여러 장점은 과학적으로 확인되고 있다. 만약 하루에 한 번 걸을 수 있다면, 아침에 하는 것이 가장 좋다.

왜일까? 빛은 우리 몸의 모든 세포에 기본적으로 적용되는 시계이기 때문이다. 일어난 후 한 시간 안에 빛을 받으면 각 세포는 적절하게 움직일 준비를 한다. 10분 정도의 산책이면 충분하다.

흐릿하고 구름 많은 날이라고 해도 햇빛은 실내에서 받는 빛보다 루멘(빛의 강도나 밝기 측정 단위)이 훨씬 크니까.

우리의 빛 민감도는 막 일어났을 때 가장 낮으며, 이때 우리의 뇌를 깨우고 그날의 주기 리듬을 준비 상태로 만들려면 강한 빛을 받아야 한다. 수많은 연구가 잠에서 깨어난 뒤 처음 한 시간을 어떻게 보내는지가 그날 밤 수면의 질을 결정한다는 사실을 증명했다. 아침에 빛을 받으면 우리의 눈 뒤쪽에 있는 뉴런 층이 이제 움직일 시간이라는 사실을 인지하며 멜라토닌 생성을 완화한다. 또한, 아침 햇빛으로 받는 충격은 몸에 코르티솔을 흘러넘치게 해 우리를 깨어나게 하고 활기를 불어넣는다. 그러니 아침에 짧은 산책을 한 때는 햇볕이 따가울 정도가 아니라면 선글라스를 쓰지 않는 것이 좋다.

또한, 아침 햇빛을 받으면 우리 몸에서 세로토닌을 분비하는데, 세로토닌은 신경세포에서 생성되며 우리의 기분을 좋게 만들어주는 화학 물질이다. 세로토닌은 수면의 질을 결정하며, 이후에 잠을 깊게 잘 수 있도록 도와주는 멜라토닌으로 바뀐다. 기묘하게도 아침 일찍 하는 산책은 밤에 깊은 잠을 자기 위한 최고의 방법이다.

아침 햇빛에는 우리를 깨우고 잠을 잘 자게 해주는 것 이상의 잠재력이 있다. 이른 아침 산책은 심장을 보호해주기도 한다. 최근 한 연구에서는 밝은 빛이 혈관을 강화하는 특정한 유전자를 증가시켜 심혈관 건강을 보호하는 동시에 증진하면서 심장마비 위험을 줄인다는 결과가 나왔다. 과학자들은 이미 빛과 심장병의 연관성을 인지하고 있으며, 그중에서도 겨울철에 심장마비가 더 많이 발생한다는 사실에 주목했다.

하지만 이 연구는 더욱 흥미로운 사실을 드러냈다. 5일 동안 오전 8시 30분~9시 사이에 30분 동안 강한 빛에 노출된 참여자들에게 PER2 단백질이 증가했기 때문이다. PER2는 생체 주기 리듬을 준비하고, 신진대사를 증진하고, 혈관을 강화하는 데 아주 중요한 역할을 하는 물질이다. 이전에 눈이 보이지 않는 쥐들을 대상으로 같은 연구를 진행했을 때에는 밝은 빛이 아무 효과를 나타내지 않았기 때문에 이 과정에 눈이 필수적인 역할을 한다는 사실이 밝혀졌다.

이른 아침 산책의 혜택은 생체 주기 리듬에만 미치지 않는다.

2012년 한 연구는 매일 아침 8시에 45분 동안 빠르게 걷는 여성이 하루를 더욱 활기차게 보낸다는 사실을 발견했다. 또한, 이 여성들은 음식 사진에 반응을 덜 보이기도 했다. 이는 운동이 우리에게 활력을 주는 동시에 식욕을 억제한다는 사실을 밝혀낸 가장 최초의 연구 결과 중 하나다. 일부 연구자는 운동 후에 식사량이 줄어드는 이유가 활발하게 움직이면 체온이 올라가며 음식 섭취를 통제하는 시상 하부 뉴런을 활성화하기 때문이라고 믿는다. 날이 더우면 먹는 양이 줄어들듯, 걸으면서 몸이 따뜻해지기 때문에 덜 먹게 되는 것이다.

하지만 최근 이론은 우리가 몸을 움직일 때 생성되는 '성장분화인자 15GDF-15'라는 호르몬이 활동 이후 식욕이 감소하는 이유라고 생각한다. 연구원들은 GDF-15가 설치류와 원숭이의 식욕을 억제한다는 사실을 알게 되었으며, 현재 이 호르몬이 사람에게 미치는 영향을 조사하고 있다. 정확한 이유가 열이든 호르몬이든, 이른 아침 산책은 과도한 배고픔을 줄여주어 식욕을 조절하고 완화할 수 있도록 돕는다.

14년 동안 매일 아침 강아지와 아이들을 데리고 산책하며 나는 이 이른 아침의 행군에 중독되었다. 지금 나는 하루를 계획할 수 있는 이 시간을 진심으로 즐긴다. 건강이라는 뜻밖의 즐거움은 덤이다.

아침 식사 전 산책이 신진대사에 미치는 긍정적인 영향은 수없이 많다. 이른 아침에는 공기 오염 정도가 가장 낮아서 깨끗한 공기를 마실 수 있다. 도시에서는 아침 시간에 음이온이 가장 풍부하고, 식물도 하루 중 오후 8시를 제외하면 오전 9시에서 10시까지 음이온을 가장 많이 방출한다.

이른 아침은 새들의 목소리를 듣기 가장 좋은 시간이기도 하다. 자선단체 우드랜드 트러스트Woodland Trust에 따르면 새들이 더 활발하게 노래할 뿐 아니라 이 시간에 새들의 노래가 20배 이상 멀리 뻗어 나간다고 한다. 킹스칼리지런던에서 진행된 한 연구에 따르면 새들의 노랫소리를 들었을 때 최대 몇 시간 동안 기분이 좋아지고 기운을 더 얻는다고 한다.

식욕을 억제하는 GDF-15 수치를 높이고 싶다면 천천히 걷거나 도보 여행을 하는 것처럼 지구력이 필요한 활동들이 도움이 된다.

11

도시의 냄새를 맡으며 걷기
Take a City Smell Walk

1790년 2월의 어느 따뜻한 아침, 의학 교수이자 나폴레옹의 주치의인 장 노엘 할레^{Jean Noël Hallé}는 파리에 있는 자신의 집을 나와 센강둑을 따라 10킬로미터를 걷는 산책에 나섰다. 함께할 친구 한 명과 더불어 산책에 필요한 지도, 자신의 코도 잊지 않았다. 두 남자는 파리의 중심인 퐁 뇌프 다리에서 출발해 센강의 오른쪽을 따라 걸었고, 라페 언덕을 가로질러 센강 왼쪽을 따라 돌아왔다. 산책하는 동안 할레 박사는 모든 냄새를 기록했다. 이 기록은 파리의 냄새를 영원히 바꿔놓았고, 지금 우리가 아는 향기로운 현대 도시로 변화하게 했다. 더욱 의미 있는 사실은 할레 박사가 역사상 최초로 도시의 냄새를 기록했다는 것이다.

그로부터 220년 후, 디자이너이자 지도 제작자인 케이트 맥클린Kate McLean은 에든버러를 걷다가 이곳만의 독특한 냄새를 알아차렸다. 맥클린은 도시마다 복합적이고, 정의하기 어려우며, 대개 순식간에 스쳐 지나가는 고유한 냄새들이 있다는 사실을 깨달았다. 이렇게 냄새에 눈을 뜬 그녀는 지도 제작자이자 한 지역의 향을 활용하는 예술가로서 새로운 생활을 시작하게 되었다. 지난 십 년 동안 맥클린은 수백 번도 넘게 도시 냄새 산책을 이끌며 암스테르담부터 뉴욕, 싱가포르까지 열 개 도시의 향을 지도에 담았다. 맥클린이 정교한 지도에 냄새를 기록하고 있을 때(맥클린은 작은 병에 각 지역의 향을 닮은 증류 에센스를 담는 것으로 작업을 완성했다), 과학자들은 냄새의 복잡한 비밀을 풀어내며 놀라운 결과를 발견해냈다.

냄새는 눈에 보이지 않지만 늘 우리를 이끌어주는 친구와 같다. 우리가 태어나기 전에 완성되는 감각은 후각뿐이다. 열 살이 될 때까지 후각은 세상을 받아들이는 데 중대한 역할을 하며, 우리의 코는 수십억 개의 다양한 냄새를 구별한다. 성인이 된 이후에는 하루에 2만4천 번씩 숨을 들이쉬며 콧구멍 안쪽에 있는 후각 세포 약 5백만 개로 한 시간에 수천 가지 다양한 향을 만끽한다.

현재 선구적인 연구자 일부는 후각 상실이 심장병 유무보다 인간의 수명에 더욱 큰 영향을 주는 요소라고 생각한다. 연구자들은 우울증, 조현병, 간질과 같은 증상을 후각과 관련지으며 냄새를 맡는 능력이 생각보다 훨씬 중요한 것이 아닐까 추측하고 있다.

코로나19 환자들에 관한 한 연구는 후각과 미각의 상실이 코로나 바이러스 증상 중 유일하게 우울과 불안에 관련된다는 결과를 밝혀냈다.

이런 일이 어떻게 일어나는 걸까? 이를 분명하게 아는 사람은 아무도 없다. 하지만 우리가 숨을 들이쉴 때면 미세한 냄새 입자들이 콧구멍 위쪽의 수용체를 스쳐 간다. 이곳에서부터 냄새 입자들은 우리 뇌의 후신경구에 도달해 처리된 뒤 편도체(뇌에서 감정을 담당하는 부분)와 해마(기억 저장소)로 이동해 일종의 냄새 '이미지'를 기록한다. 이렇게 직접적인 경로로 이동하는 감각은 후각이 유일한데, 이는 냄새, 감정, 기억이 서로 엮여 하나로 저장되는 경우가 종종 있다는 사실을 의미한다. 특정한 냄새가 기억을 생생하게 떠올리게 하는 것은 놀랄 일이 아니다.

냄새 맡는 능력은 사용하지 않으면 잃을 수도 있다. 그러나 연구 결과에 따르면 후각은 회복이 가능하다. 한 연구에서는 트러플, 베이컨, 사람의 페로몬에서 나타나는 안드로스테논 냄새를 맡지 못하는 20명이 피실험자로 참여했다. 참여자들은 하루에 세 번, 3분 동안 이 냄새를 맡는 훈련을 했다. 6주가 지나자 참여자 중 반절이 우리에게는 익숙한 이 사향 냄새를 태어나 처음으로 맡을 수 있게 되었다. 몇몇 참여자는 일주일 만에 안드로스테논의 냄새를 알게 되었다.

후각 훈련은 냄새를 분별하는 능력 향상 그 이상의 결과를 불러온다. 2019년 진행된 한 연구는 후각 훈련 6주 이후 참여자

35명의 뇌 구조가 변화했다는 놀라운 결과를 밝혀냈다. 연구원들은 MRI를 통해 몇몇 부분의 피질 두께가 두꺼워졌다는 사실을 발견했다. 이 결과는 무엇을 의미할까? 대뇌 피질은 단단하게 접혀 있는 신경막으로, 우리 뇌를 감싸고 있다. 딱 맞는 코트처럼 뇌의 가장 바깥쪽에 있는 막이라고 생각하면 된다. 이 막이 얇아진다는 것은 보통 질병의 신호인 경우가 많다. 얇은 코트로 추위를 이길 수 없듯, 대뇌 피질이 얇으면 뇌를 제대로 보호할 수 없다. 이 연구와 같은 예시에서 기억과 인지를 담당하는 뇌 부분의 대뇌 피질이 두꺼워졌다는 것은 후각 능력 향상이 기억력 향상으로 이어질 수도 있다는 사실을 나타낸다.

나는 코로나19에 감염되어 후각을 잃었을 때 냄새 산책에 참여했다. 맥클린과 산책을 함께하는 동안 냄새가 살아있다는 것의 순수한 즐거움에 얼마나 큰 비중을 차지하는지 다시 한번 깨닫게 되었다. 냄새 맡기에 집중한 채 영국의 한 마을을 산책하며, 우리는 젖은 나뭇잎, 경유로 움직이는 버스, 땅, 애프터셰이브, 오래된 옷들, 소나무, 젖은 마분지, 먼지, 페인트, 세제, 표백제, 미용실, 신선한 커피, 달콤하고 따뜻한 빵, 내장을 제거한 생선, 피자 냄새의 흔적을 따라갔다.

냄새에 집중하며 걷자. 물을 마시자. 도시 디자이너 빅토리아 헨쇼 Victoria Henshaw에 따르면, 적절한 수분 없이는 후각 수용체들이 냄새를 잘 읽어낼 수 없다고 한다. 다양성을 찾자. 헨쇼는 녹지와 콘크리트 공간, 고급 시장과 황폐한 공간 등 다양한 열린 공간과 닫힌 공간을 추천했다. 빵 가게에서 꽃집, 산울타리에서 병원까지 눈과 귀를 활용해 다양한 냄새를 맡을 수 있는 곳을 찾자. 나무들과 가게에 코를 들이밀고 향을 맡아보는 것이다. 이상하게 바라보는 사람들의 시선은 무시하자!

도시의 냄새는 끊임없이 바뀐다. 봄과 여름, 더울 때와 비 내릴 때, 새벽과 밤에 똑같은 산책로를 걸으며 냄새를 맡아보자. 밤 산책을 할 때 우리 후각은 특히 더 예민해진다. 마음에 드는 냄새를 기록하면 이 기록을 활용해 나만의 냄새 지도나 예술 작품을 만들어볼 수 있다.

후각 수용체들은 쉽게 피로해진다. 맥클린은 수용체를 쉬게 하는 방법으로 팔꿈치 안쪽에 잠깐 코를 묻는 방법을 추천한다.

추운 날에는 냄새를 정확하게 맡지 못한다. 날이 조금 더 따뜻해지기를 기다리자.

12

비 내리는 날 걷기
Walk in the Rain

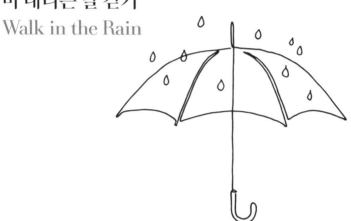

비가 내리면 보통은 집 안에 있고 싶어 하지만, 빗속에서 걷다 보면 내리는 비와 그대로 연결되는 듯한 느낌을 받는다. 빗방울이 살갗 위를 스칠 때면 말 그대로 자연과 맞닿게 된다. 우리가 어디에 있든 빗속을 걷는 것은 몸으로 하는 풍부한 경험이며, 촉각을 깨우고 우리가 몸을 지닌 존재라는 사실을 일깨워준다. 비 내리는 날에는 습도가 올라가고 빗방울이 계속 떨어지면서 공기 중에 특정한 화합물질이 퍼진다. 이런 물질은 그냥 들이마시는 것만으로도 건강과 행복에 큰 영향을 미친다.

빗속을 걸으면 후각도 깨어난다. 비는 나무, 식물, 땅의 향기를 공기 중에 풀어내며 놀라울 정도로 복합적인 향을 가득 채운다.

스코틀랜드 작가이자 걷기를 좋아했던 난 셰퍼드Nan Shepherd는 비 온 후 자작나무에서 "숙성된 브랜디처럼 향긋한 과일 향이 나는 데, 너무 매혹적인 나머지 지나는 사람들이 취할 정도"라고 말했 다. 이렇게 비를 맞은 뒤 황홀한 향을 내뿜는 것은 자작나무뿐만 이 아니다. 식물이 건조한 시기에 과도하게 자라지 않기 위해 분 비한 다양한 기름 성분 속 화합물의 향기도 퍼진다. 비 온 후 흙냄 새는 이 향기가 가장 두드러지는 점토질 토양에서 맨 처음 발견 되었는데, 1964년 오스트레일리아 광물학자 두 명이 비 온 후 흙 냄새에 '페트리코petrichor'라는 이름을 붙였다. 인도에서는 건기에 가장 강렬해지는 페트리코를 향수로 만들어서 팔기도 하며, 반세 기 동안 이어져 온 이 향수는 미티 아타르(대지의 향수)라고 불린 다. 우리는 그저 비 오는 날(또는 비 온 직후)에 걷기만 하면 이 특 별한 향기를 듬뿍 맡을 수 있다.

오늘날 과학자들은 빗물이 나뭇잎에 있는 작은 털들을 비롯해 모든 표면에 있는 냄새 분자를 깨우고 움직이기 때문에 비 오는 날 다양한 향기가 생성된다고 믿는다. 흙에서 나는 향기는 따뜻하 면서 사향 냄새가 나는 반면 잎에서 나는 향기는 깨끗하고 씁쓸 한데, 이 두 가지가 섞이며 아주 편안한 향을 만들어낸다. 도시도 마찬가지다. 빗물은 돌이나 콘크리트에 갇혀 있던 향을 깨운다.

중요한 사실은 빗물이 오염물질의 잔재를 씻어낸다는 것이다. 비가 내릴 때나 내린 직후에는 항상 공기가 더 깨끗해진다. 빗물 이 공기를 가르고 내려올 때 각 빗방울은 수많은 오염물질 분자

(그을음과 미세먼지 포함)와 만나며, 씻어낸 듯 공기를 상쾌하게 만들기 때문이다.

또, 비 오는 날에는 공기 중 음이온이 증가하는데, 몇몇 과학자는 음이온이 인지 능력과 편안함을 증진하고 기분을 좋게 해줄 수 있다고 생각한다. 의학박사 에바 셀허브Eva Selhub와 앨런 로건Alan Logan은 음이온이 건강, 인지 능력, 장수에 긍정적인 영향을 준다는 여러 연구를 인용하기도 했다.

비는 촉각, 소리, 냄새 등 모든 것을 바꾸지만, 가장 두드러지는 것은 눈에 보이는 풍경이다. 비에 흠뻑 젖으며 산책하다 보면 나무 몸통이 반짝이고, 나뭇잎들도 생기로 빛나고, 꽃잎에 광채가 흐른다. 나뭇잎과 꽃잎이 비를 맞아 투명해지며 모든 잎맥이 선명하게 드러나 마법처럼 신비로운 광경을 만들어내기도 한다. 꽃과 나뭇가지와 깃털 같은 풀들도 빗방울을 머리에 이고 아래쪽으로 굽어진다. 이렇게 비 오는 날 걷다 보면 평소보다 100배는 더 극적인 경험을 할 수 있고, 이로 인해 도파민이 급격하게 증가하며 우리 두뇌는 더욱 생기를 찾는다.

비 오는 날 운동이 열량을 더욱 많이 태워준다는 연구 결과도 있다. 연구원들은 참여자의 혈액과 날숨을 분석해 이렇게 결론지었다. "분당환기량(1분간 폐에서 배출되는 가스의 전체량), 산소 소비량, 혈장 내 젖산 수치, 노르에피네프린 수치가 빗속에서 유의미하게 높았다." 간단하게 말해 춥고 젖은 상태에서는 우리 몸이 더욱 열심히 움직여야 하기 때문에 그 과정에서 열량을 더 많이 소비한다는 의미다.

우간다 열대우림에 사는 수컷 침팬지들은 종종 세차게 내리는 폭풍우 속에서 나뭇잎 사이를 뚫고, 땅을 내리치고, 나무 몸통에 발을 구르고, 허공에 긴 팔을 휘두르며 춤을 춘다. 누구도 이들이 빗속에서 왜 춤을 추는지 모르지만, 내리는 비가 얼마나 생명을 취하게 할 수 있는지를 보여주는 장엄한 장면인 것은 분명하다.

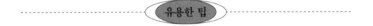

발목까지 조이는 방수 바지(밑단이 젖어 신발에 물이 스며드는 것을 막기 위해), 모자 앞쪽에 챙이 있는 아노락을 포함해 지갑 사정이 허락하는 한 가장 좋은 방수 제품을 구매해 주기적으로 방수 기능 복원 제품으로 관리하자. 방수 등산 부츠나 웰링턴 부츠(무릎까지 오는 장화)를 꼭 구매하자. 옷처럼 방수 신발도 관리해주어야 한다. 가죽이라면 왁스를 활용하고, 부드럽게 무두질한 가죽인 누벅이나 천 신발에는 다용도 방수 스프레이를 사용하자.

도시를 걷는다면 접을 수 있는 우산이나 휴대용 방수 판초 우의를 준비하자.

13

걸으며 춤추기, 춤추며 걷기
Take a Walk-Dance or a Dance-Walk

1599년 윌리엄 셰익스피어의 친구 윌 켐프Will Kemp는 모리스 춤
(영국 전통춤)을 추며 런던 로열 익스체인지부터 노리치까지 약
204킬로미터를 걸었다. 켐프는 9일이 걸린 이 여정을 책으로 기
록했다. 그로부터 4백 년 뒤 한 모리스 댄서 그룹이 켐프의 여정
을 그대로 따라갔고, 하루를 단축해 8일 만에 노리치에 도착했다.

　기분을 좋게 하고, 균형감각을 증진하고, 유산소성 체력을 강
화해주는 등의 춤이 주는 이로움은 몇 번이고 입증되었다. 춤은
걷기와 그리 다르지 않다. 예를 들면 폭스트롯(사교댄스의 일종)을
비롯한 많은 춤은 걷기를 정교하고 세련되게 확장한 움직임이다.
춤을 추려면 대부분 실내에서, 거의 밤에 클럽을 찾아가야 하는

경우가 많다. 그리고 우리 중 많은 사람이 걷기에는 자신 있어도 자신이 춤을 출 수 있다고 생각하지 않을 것이다. 그래도 나는 짧게 춤을 추며 걷기를 시작한다. 공중에 팔을 흔들며 새롭게 움직일 때 혈액의 흐름과 심장박동이, 그 즐거움이 좋기 때문이다. 특히 날이 추울 때는 잠깐의 경쾌한 스텝이나 디스코가 효율적으로 몸을 덥힐 수도 있다.

심리학자들은 춤추기나 노래 부르기처럼 걸을 때 함께할 수 있는 단순한 행동이 우리를 좀 더 즐겁게 해주고, 삶에 더욱 만족할 수 있게 해준다는 사실을 발견했다. 독일 마틴 루터대학 할레-비텐베르크 연구원들은 실험을 진행하며 즐거운 운동을 일주일만 계속해도 참여자들의 기분이 향상될 뿐 아니라 즐거움을 느끼는 특성이 개발되어 삶을 더욱 즐겁게 받아들일 가능성이 커진다는 사실을 알아냈다. 533명의 참여자와 함께 진행한 이 실험에서 선천적으로 놀기를 좋아하는 사람은 "거의 모든 상황을 재미있거나 개인적으로 흥미로운 경험으로 바꾸어 생각할 수 있다"는 결과가 나왔다. 일주일 동안 의식적으로 즐겁게 놀며 보낸 뒤, 자기 자신을 진중하다고 생각했던 사람들도 삶에 즐거움을 조금 더 들여올 수 있는 능력과 성향이 향상되어 건강과 행복이 개선되었다. 연구원들은 우리가 매일 하는 일에 의식적으로 즐거움을 첨가할 수 있다면 삶의 만족도가 더욱 커질 뿐 아니라 창의력도 향상되며 더욱 즐거운 삶을 살 수 있다고 믿는다.

삶에 놀이를 더하는 일은 우리의 기분을 좋게 하는 것 그 이상의 역할을 한다. 1964년 현대 신경과학의 창시자 중 한 명인 매리앤 다이아몬드Marian Diamond는 쥐를 대상으로 획기적인 실험을 진행했는데, 이 실험을 통해 그녀는 장난감에 접근할 수 있는 쥐들의 두뇌가 더 크다는 사실을 입증했다. 그 후에 진행된 실험들도 같은 결과로 이어졌으며, 자극을 많이 받은 설치류들의 뇌유래신경영양인자(BDNF, 뇌세포의 성장과 보존에 필수적이다) 수치가 더 크고, 기억력과 인지 능력이 더 뛰어나다는 사실이 발견되었다. 이 결과로 우리는 놀이가 아이들만을 위한 것이 아니라는 교훈을 얻을 수 있다.

하트퍼드셔대학 춤 심리학 연구소 설립자이자 심리학자인 피터 로바트Peter Lovatt는 「타임스」와의 인터뷰에서 걷기 운동을 할 때 즉흥적으로 춤을 추면 도파민이 분출되며 기분이 좋아진다고 밝혔다. 또한, 사고와 의사결정의 질이 증진되는 동시에 공간 인식이 미세하게 조정되기도 한다고 말했다. 그는 즉흥적으로 춤 스텝을 만들어내는 행위가 정해진 행동 양식을 뒤흔들어 다른 방식으로 생각할 수 있게 해주며, 걷기 운동이 본격적인 인지 운동으로 바뀔 수 있도록 돕는다고 말했다. 2012년 한 연구에서는 즉흥적인 춤 동작처럼 팔을 부드럽게 움직이며 걷는 사람들이 그렇지 않은 사람들보다 더 많은 아이디어를 생각해낸다는 결과가 나왔다.

캐나다 맥마스터대학에서 진행한 어느 연구 결과는 뇌 건강을 지키려면 4분 동안 빠르게 걷고, 3분 동안 천천히 걷는 것을 세 번 정도 반복해야 한다고 말한다. 몸을 흔드는 춤으로 빠른 걸음을 대신하고, 그다음 평소처럼 걸으면 된다. 폴짝폴짝 뛰거나 질주하는 것으로 춤을 대신할 수도 있다. 이 두 가지는 아이들과 함께할 때 특히 효과적이며, 걷기 운동의 유산소 강도를 높이는 동시에 즐거움과 기분을 좋게 하는 요소를 더해준다.

걸으며 노래를 불러도 놀랄 정도로 기분이 좋아진다. 걸으면서 춤추거나 노래하는 모습을 누가 볼까 봐 걱정된다면 일요일 아침 일찍이나 한산한 거리 등 사람이 없는 시간과 장소를 찾아보자.

강아지들만 공을 가지고 놀아야 한다는 법은 없다. 공을 던지며 걸으면 균형감각, 안정성, 조정력, 공간 지각 능력이 좋아지고, 함께 걷는 어린이들을 즐겁게 해줄 수도 있다. 유튜브에서 디스코 산책을 하는 방법이나 간단한 스텝으로 산책의 그루브를 올릴 수 있는 영상을 보며 참고하자.

14

귀기울이며 걷기
Walk With Your Ears

요한나 슈피리Johanna Spyri가 쓴 『하이디』의 주인공 하이디는 알프스에 있는 할아버지의 오두막을 뒤로하고 프랑크푸르트로 떠나지만, 고향을 간절하게 그리워한다. 하이디는 매일 밤 전나무를 스치는 바람을 꿈꾼다. 솔잎을 스치는 바람의 음악은 마치 사운드 트랙처럼 숲속에서 치유를 받는 슈피리의 동화를 타고 흘러들어 온다.

하늘 높이 날아오르는 듯한 새들의 노랫소리부터 나뭇잎을 지나는 바람 소리까지, 슈피리는 머리를 식혀주고, 마음을 편안하게 해주고, 위로를 주는 자연의 소리가 지닌 기적 같은 힘을 알고 있었다. 그리고 오늘날 연구자들은 이런 현상의 이유를 하나씩 알아

84

내고 있다. 입원 환자들을 대상으로 한 여러 연구는 자연의 소리를 들으면 불안감이 감소한다는 사실을 발견했고, 흐르는 물소리를 조사한 연구는 이 소리가 고요함이나 클래식 음악보다 코르티솔 수치를 효과적으로 감소시킨다는 사실을 밝혀냈다.

영국 브라이튼과 서섹스 의과대학에서 건강한 청소년 17명에게 다양한 자연의 소리와 인공적인 소리를 들려주며 심박 수와 두뇌 활동을 측정했다. 연구팀은 보통 우리가 휴식을 취할 때나 편안할 때 활동적으로 움직이는 뇌 부분이 파도 소리를 듣는지, 또는 시끄러운 자동차 소리를 듣는지에 따라 달라진다는 사실을 발견했다. 실험 참여자들이 파도 소리를 들을 때는 연구원들이 '외향적 주의 집중'이라고 부르는 상태로 참여자들의 두뇌가 바뀌었다. 반면, 시끄러운 자동차 소리를 들을 때 참여자들의 두뇌는 '내향적 주의 집중' 상태로 바뀌었는데, 이는 불안감, 트라우마, 우울함으로 고통받는 사람들이 보이는 상태와 놀랍도록 비슷했다.

소리가 달라질 때 바뀐 것은 두뇌의 상태뿐만이 아니었다. 참여자들의 신체도 변화했다. 자연의 소리를 들을 때는 심장박동이 느려지고, 근육이 이완되고, 장과 분비샘이 부드럽게 움직였는데, 이는 신체가 적극적인 이완 상태에 들어갔다는 것을 의미한다.

또 자연의 소리를 들을 때 참여자들은 완전히 집중해야 하는 과제에서 더 높은 수행 능력을 보였다. 다시 말해 자연의 소리는 인공적인 소리보다 정신을 덜 산만하게 했다는 의미이며, 이는 산책할 때 흐르는 물소리에 귀를 기울이다 보면 문제 해결 능력이 향상될 수 있다는 사실을 보여준다. 연구원들은 스트레스가 가장 뚜렷한 참여자들이 자연의 소리를 들을 때 가장 편안함을 크게 느꼈다는 점을 발견하기도 했다.

소음은 현대 사회의 스트레스 요인 중 하나다. 세계보건기구는 교통 소음 하나만으로도 수많은 사람의 건강한 삶이 위협받는다고 주장한다. 수없이 많은 연구 역시 고혈압 위험 증가, 당뇨, 비만, 심장마비, 심장병 등 도시 소음으로 인해 발생하는 부작용을 폭로했다. 미국의 한 연구는 소음에 노출될 경우 스트레스가 치솟아 혈관 염증으로 이어지거나 뇌졸중 위험 증가로 이어질 수 있다는 사실을 발견하기도 했다. 주요 공항 근처에 있는 학교들을 대상으로 진행된 연구에서는 다른 변수를 조절한 이후에도 인지 능력, 기억력, 문해력이 저하되는 학생들이 계속해서 나왔다. 우리가 이미 적응했다고 생각하는 소음조차 맥박, 심박수, 혈압, 수면의 질에 영향을 미친다.

이 모든 소음에 대응하는 방법은 고요하고, 귀기울이게 되고, 방해받지 않는 자연을 걷는 것이다. 「내셔널 트러스트」에서 수행한 연구에 따르면, 우리는 다음과 같은 소리에 가장 큰 즐거움을 느낀다고 한다.

- 새 소리
- 흐르는 시냇물 소리
- 나뭇잎이 서로 부딪히며 흔들리는 소리

- 고요함

- 발밑에서 나뭇가지가 부러지는 소리

- 동물 소리

- 나무 사이를 지나는 바람 소리

- 나뭇잎에 떨어지는 빗소리

- 땅에 열매가 떨어지는 소리

- 진흙을 밟는 소리

이 연구에 따르면 자연의 소리를 들은 참여자들의 심리적 안정감이 30% 가량 증가했지만, 녹음된 목소리로 명상을 도와주는 앱을 사용한 참여자들은 어떤 변화도 느끼지 못했다. 이 실험에서 얻을 수 있는 교훈은 명확하다. 휴대전화를 끄고, 안경을 멀리 치우고, 두 귀를 열자. 새 소리를 들은 사람들은 가장 높은 행복감을 느끼는 것으로 기록되었으며, 그중 40%는 새 소리를 들으면 행복하다고 말했다. 하지만 한 연구는 실내에서 녹음된 자연의 소리를 들은 사람들이 얻는 효과는 실제 자연의 소리를 듣는 사람이 느끼는 이완과 활기보다 현저히 낮다는 사실을 밝혔다.

귀기울이고 걸으며 가장 큰 효과를 보려면 내려놓는 것이 필요하다. 귀에 울리는 소리가 이끄는 대로 어떠한 새나 곤충 소리를 듣거나, 감미로운 숲의 여러 모습을 탐구하자. 작가 토마스 하디 Thomas Hardy는 나무의 속삭임, 특정한 나뭇잎들이 바람에 흔들리는 소리만 들어도 그 나무의 종류를 알 수 있다고 믿었다.

한밤중에 도시를 산책하면 그 도시를 감싸는 소리의 풍경을 재창조할 수 있다. 어디를 걷든, 소리에 귀기울이는 것이 곧 외향적 집중력을 가장 높이는 방법이다.

───────────────── 유용한 팁 ─────────────────

소리에 집중하려면 사람이 적은 곳에서 혼자 걷는 것이 가장 좋다. 평소에 걷던 길은 피하고, 사진을 찍을만한 예쁜 곳은 귀보다 눈을 위한 장소임을 명심하자.

각각의 나뭇잎들이 서로 부딪히고 바람에 흔들리며 내는 소리를 구별할 수 있는지 시험해보자. 귀 주변에 손으로 컵 모양을 만들어 대거나 귀를 앞쪽으로 밀어 주변에서 들리는 소리를 증폭시키는 것도 좋다. 이따금 눈을 감아 시각에서 청각으로 다시 주의를 옮기자.

녹음 앱을 활용해 자연의 소리가 담긴 파일을 만들어 걸을 때 듣거나 친구에게 보내보자. 다양한 걷기 앱은 역사나 지리학과 관련된 설명이나 음악을 틀어주어 새로운 경험을 할 수 있게 해준다. 이런 앱을 다운받아 직접 들으며 소리가 이끄는 새로운 여정을 떠나도 좋다.

───

15

혼자 걷기
Walk Alone

1947년, 오스트리아 작가이자 농원 경영자인 클라라 비비안은 자신이 혼자 걷는 시간을 얼마나 자주, 얼마나 간절히 원하는지 기록했다. "내 평생의 열망은 탁 트인 야외에서 보내는 혼자만의 산책 시간이다." 많은 시간 혼자서 시간을 보내며 전 세계를 걸었던 비비안은 자신이 언덕, 계곡, 탁 트인 길을 사람보다 좋아한다는 사실을 꾸밈없이 드러냈다. 비비안은 친구가 많았지만, 오직 걷기만이 그녀에게 오래도록 잊었던 어두운 밤, 새벽, 바람과 바다와의 친밀감을 기억나게 해주었다. 혼자 걸으며 비비안은 자기 자신을 완전히 잊어버린 채 거대한 세계의 맥박만을 들었다.

비비안처럼 끊임없이 혼자 걷는 시간을 원하는 사람들은 드

물지 않다. 장 자크 루소JeanJacques Rousseau, 윌리엄 워즈워스William Wordsworth, 헨리 데이비드 소로Henry David Thoreau, 버지니아 울프Virginia Woolf, 셰릴 스트레이드Cheryl Strayed를 비롯해 많은 사람이 혼자 걷고자 하는 자신들의 열망을 드러냈다. 로버트 루이스 스티븐슨Robert Louis Stevenson은 "도보 여행은 혼자 다녀야 한다"라고 기록하며, 다른 사람 때문에 묶이고 싶지 않다고 덧붙였다.

오늘날 외로움이라는 전염병에 대한 온갖 외침 속에서 고독의 중요성은 잊히기 쉽다. 최근 연구들은 항상 인터넷에 접속해 생활하는 현대 사회에서는 혼자 있는 시간이 그 어느 때보다 중요하다고 주장한다. 혼자 보내는 시간 중에서도 특히 자연 속에서 걸으며 느끼는 고독은 활기를 되찾아주고 치유를 선사한다. 사회학자 잭 퐁Jack Fong은 혼자 보내는 시간은 우리에게 진정한 자기 자신을 마주하게 한다고 말한다. 평소에 생활하던 사회적 맥락에서 벗어나면 새로운 관점을 얻을 수 있고 자기 자신과의 관계를 돈독히 할 수 있다. 몇 달간 홀로 하이킹 여행을 다니는 퐁은 고독이 우리를 회복시켜주며 운동이나 건강한 식단만큼 중요한 요소라고 믿는다.

퐁의 주장에는 저명한 정신과 의사 앤서니 스토Anthony Storr의 생각이 반영되어 있는데, 스토는 혼자 있는 능력이 우리의 가장 깊은 감정들을 처리할 수 있는 가치 있는 자원이라고 믿었다. 스토는 밖에서 걷는 것과 같이 평소 환경에서 자기 자신을 지워내는 순간이 자신을 더 깊이 이해하고, 두뇌가 최상으로 기능하고 개인

90

이 잠재력을 최상으로 발휘하기 위해 꼭 필요한 요소라고 주장했다. 자신의 주장을 뒷받침하기 위해 스토는 부처와 예수와 같이 깨달음을 얻기 위해 홀로 걸었던 종교 지도자들을 덧붙였다.

지난 몇 년간 이뤄진 연구들은 고독한 시간을 보낼 수 있는 사람들이 더 높은 회복력과 집중력을 보였다는 사실을 보여준다. 고독을 너 필 디뒬수록 외로움을 덜 느끼는 것이다. 한 연구에 따르면 주기적으로 고독한 시간을 보내면 세계관이 더 긍정적으로 변하고, 우울감이 덜해지고, 스트레스를 관리하는 능력이 향상되고, 신체에 질병이 덜 발생하고, 만족감이 더 높은 것으로 나타났다. 또 다른 연구는 고독하게 보내는 기간이 관계의 질을 높여준다고 주장했고, 어느 연구는 고독이 창의력을 자극한다는 사실을 발견하며 "엄청난 고독이 없다면 위대한 결과도 없다"라는 피카소의 말을 뒷받침했다.

혼자 걷는 것은 여러 사람이나 친구와 함께 걷는 것과 완전히 다르며, 나는 이런 시간을 꼭 가져보기를 권한다. 혼자 걷는 것은 궁극의 자유로움이다. 내가 원할 때 출발할 수 있고, 원하는 곳에 갈 수 있고, 나에게 맞는 시간과 속도로 걸을 수 있고, 거리도 원하는 대로 정할 수 있다. 눈을 이끄는 모든 길, 계곡, 산책로, 골목에 들어가 볼 수도 있다. 상의하거나 생각할 필요 없이 즐거움을 주는 모든 것을 자유롭게 경험할 수 있다.

혼사 걸을 때는 무언가를 도와줄 동료가 없기에 자기 자신에게 의존할 수밖에 없고, 이는 궁극적으로 자신감이 된다. 영국 등반가 도로시 필리Dorothy Pilley는 "지도와 나침반만 들고 고독하게 언덕을 누비며 자신감을 얻었고, 무엇보다 그 시간이 나에게 힘을 주었다"고 말한다. 심리학자들은 이를 '자아 강화self-strengthening'라고 부른다.

혼자 시간을 보내며 우리는 더욱 강렬하고, 고요하고, 의미 있게 자연과 다시 연결된다. 필리는 혼자 걷는 것이 자신감을 키워줄 뿐 아니라 영혼의 만족감도 채워준다는 사실을 깨달았다.

해 질 녘 안개 속에서 홀로 산등성이 꼭대기에서 내려왔던 경험은 그 어떤 것과도 비교할 수 없는 귀중한 모험이었다. 늪 위의 마도요새, 쌀쌀한 회색빛 평지에서 보이지 않게 기침하는 양들, 눈앞으로 다가오는 거대한 산등성이, 봉우리와 바람의 휘파람 소리…. 이 모든 순간은 기억보다 더 깊이 새겨졌다. 우리는 혼자 걸을 때 자연의 장관을 모두 경험하고 받아들일 수 있다. 심리학자들은 그 이유가 집중을 방해하는 요소가 없어서라고 말한다. 우리는 혼자 걸을 때 주변 환경에 더욱 집중하며, 더욱 효율적이고 밀도 높게 기억의 층을 만든다.

홀로 걸으면 다른 사람과 걷는 것보다 위험할 수 있다. 길을 잃거나 발목을 다치거나 물이 떨어졌을 때 의지할 사람이 없기 때문이다. 그러니 혼자 걸을 때는 확실히 준비해야 한다.

어떤 사람은 다른 사람보다 고독을 견디기 힘들어한다. 10분 동안 혼자 걷기부터 시작해 시간을 늘려가자. 아직 지도를 잘 못 읽는다면, 강이나 운하를 따라가거나 정해진 산책로처럼 길을 찾기 어렵지 않은 곳을 선택하자.

아침 일찍 나가 충분히 시간을 보내자. 그래야 해 질 녘에 길을 잃고 헤매지 않는다. 휴대전화와 보조 배터리를 챙기고, 다른 사람에게 산책 경로와 돌아올 시간을 미리 말해두자. 어차피 나눠줄 사람도 없으니 필요한 것만 챙겨가자. 아무도 나눠주지 않으니 물과 음식을 충분히 챙겨가자.

사람이 너무 없는 길은 가지 말고, 사람이 많은 주말을 선택하자. 아니면 개인 호신용품을 챙기는 것도 좋다. 이어폰은 끼지 말고, 안전하게 혼자 주기적으로 산책을 즐기는 수많은 여성 작가와 블로거를 보며 용기를 얻자.

16

쓰레기를 주우며 걷기
Pick Up Litter As You Walk

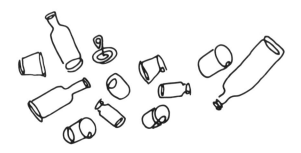

코로나19 대유행이 한창일 때, 영국 샐퍼드에 쓰레기 줍기 공동체를 설립한 다니엘 라이트Danielle Wright는 동료 자원봉사자들에게서 이메일을 받았다. 그들은 쓰레기 줍기가 자신의 삶을 구했고, 제정신을 유지할 수 있게 해주고, 봉쇄가 빼앗아간 사회적 상호작용을 다시 누릴 수 있게 해주었다고 말했다.

사회 봉쇄가 이어지는 동안 라이트의 쓰레기 줍기 공동체는 매일 모였고, 이따금 쓰레기를 무려 30봉지나 주울 정도로 걷고, 줍고, 이야기했다. 이렇게 쓰레기를 줍는 것은 운동 효과 그 이상을 선사한다. 목적의식과 사회적 상호작용의 기회를 주며, 어떤 장소에 도착했을 때보다 더 나은 상태로 그곳을 떠날 수 있게 해준다.

게다가 쓰레기를 주울 때는 몸을 굽히고, 늘리고, 무거운 짐을 들며 걷기 때문에 전신 운동이 된다.

쓰레기를 줍다 보면 대화를 하게 된다. 가족들과 쓰레기를 줍고 있으면 종종 지나가는 사람들이 지금 무엇을 하는 것인지 묻거나 감사를 전하기도 한다. 대다수가 혼자 사는 사람인 라이트의 공동체도 똑같은 반응을 경험했다. 쓰레기는 대화에 끝없이 불을 붙이는 불꽃이 되었다. 정부에서 야외 활동을 하루 한 시간으로 제한했을 때, 이 공동체의 많은 사람은 이 시간을 패스트푸드 포장지, 맥주캔, 담배꽁초로 뒤덮인 거리를 청소하는 데 기꺼이 사용했다. 쓰레기를 주우며 느낄 수 있는 뜻밖의 기쁨은 거의 즉각적으로 밀려오는 자랑스러움이다. 다른 여러 활동과는 달리 쓰레기 줍기는 결과를 바로 확인할 수 있다. 다니엘 라이트는 이를 "환경에도 좋고 우리에게도 좋은 일입니다"라고 표현했다.

우리는 모두 쓰레기가 야생동물에게 좋지 않은 영향을 미친다는 사실을 안다. 동물과 새들은 유리와 캔에 베이기도 하고, 병에 머리가 끼기도 하고, 플라스틱 포장재에 묶이기도 하고, 비닐봉지에 질식하기도 하고, 독성이 있는 쓰레기를 삼키기도 하고, 고무줄에 목이 졸리기도 한다. 영국 왕립 동물학대방지협회RSPCA에는 쓰레기 때문에 다치거나 해로운 물질을 먹게 된 동물들을 구해달라는 전화가 1년에 7천 건 이상 쏟아진다. 우리가 줍는 모든 쓰레기가 변화를 만들어낸다. 환경을 생각하는 사람에게는 쓰레기를 주우며 걷기가 한 가닥 희망이 된다.

쓰레기 줍기가 지닌 실존주의적 힘은 환경 심리학자 케일리 와일스Kayleigh Wyles박사의 해변 산책 실험에서 입증되었다. 이 실험에서는 학생 세 그룹이 일주일 동안 서로 다른 세 가지 해변 활동에 참여했다. 첫 번째 그룹은 해변을 산책했고, 두 번째 그룹은 바위 사이에 있는 작은 웅덩이들을 조사했으며, 세 번째 그룹은 산책하며 쓰레기를 주웠다. 해변을 산책했던 학생들이 차분함을 가장 크게 느꼈지만, 해변을 청소했던 학생들이 의미와 목적성을 가장 크게 느꼈다고 보고했다.

한편, 연구 결과는 쓰레기가 더 많은 쓰레기를 부른다는 사실을 보여준다. 사람들은 이미 과자 봉지가 쌓여있는 곳에 쓰레기를 더 많이 버리는 경향을 보였다. 쓰레기 줍기는 길가를 청소하거나 야생동물의 안전을 증진하는 것보다 훨씬 큰 효과를 불러온다. 이렇듯 쓰레기 줍기에는 인간 행동을 더 나은 방향으로 바꾸는 잠재력이 있다.

40년 이상 진행된 여러 연구는 자원봉사가 우리의 생각보다 더 큰 치유 효과를 지닌다는 결과를 계속해서 밝혀냈다. 주기적으로 자원봉사를 하는 사람들은 신체와 정신이 더 건강하다. 우울감이 낮고 자존감이 높으며, 혈압은 낮고 사망률도 줄어들기 때문이다.

최근 연구들은 자원봉사가 두뇌를 영리하게 유지해준다는 사실을 보여준다. 옥스퍼드대학신문에 실린 2017년의 한 연구는 자원봉사를 하는 사람들이 그렇지 않은 사람들보다 작업 기억력(단기기억)과 정보 처리 능력이 뛰어나다는 사실을 발견했다.

마지막으로, 우리의 두뇌는 선한 일을 했을 때 보상으로 기분을 좋게 하는 도파민을 듬뿍 만들어내 쾌감 상태를 경험하게 한다. 신경과학자들은 이를 '헬퍼스 하이helper's high'라고 부르며, 이는 쓰레기를 줍는 도중 듣는 감사 인사나 쓰레기 줍기가 끝났을 때 가득찬 쓰레기 봉지를 보며 느끼는 만족감 등 단순한 일들로도 느낄 수 있다. 걸으며 쓰레기를 줍는 것이 야생동물, 환경, 지역사회에 도움이 되는 동시에 다양한 방면에서 우리의 기분을 좋게 해준다는 사실을 보여주는 예시다.

유용한 팁

동네에 있는 쓰레기 줍기 공동체에 가입해 여러 사람과 함께 해도 좋고, 혼자 해도 좋다. 지역에 이러한 공동체가 없다면 직접 만들어도 좋고, 혼자 커피를 마시며 당신의 첫 번째 쓰레기 줍기를 기념해도 좋다.

혼자 걸으며 쓰레기를 줍는다면? 팟캐스트, 오디오북 등이 훌륭한 친구가 되어 줄 것이다. 차 소리를 들어야 하니 이어폰 한쪽은 빼 두

자. 눈에 잘 띄는 상의를 입고, 고무장갑과 가방을 챙기고, 쓰레기 집게를 빌리거나 구매하자. 쓰레기 가방은 두 개를 준비해 하나는 재활용, 하나는 일반 쓰레기를 담자. 돕고 싶지만 쓰레기 줍기는 부담스럽다면 채리티 마일스Charity Miles 등의 앱을 활용해 걸으면서 기부금을 모을 수 있다.

17

강가를 따라 걷기
Follow a River

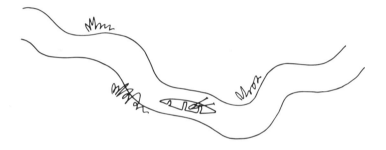

1951년, 작가 클라라 비비안은 연달아 벌어진 개인적인 좌절에서 회복하고자 강가를 따라서 걷기로 했다. 그녀는 자문했다. '이렇게 비참하고, 좌절하고, 환멸을 느끼는 나 자신을 버릴 수 있을까?' 그렇게 강을 따라 걷기 시작한 비비안은 약 743킬로미터에 걸친 강 따라 걷기를 마무리했고, 완전히 행복을 되찾았다. 강가 따라 걷기는 길지 않아도 된다. 1935년 10월 30일, 작가 아나이스 닌Anaïs Nin은 일기에 이렇게 기록했다. "센강을 따라 걸었다…. 강 근처에 있는 것이 정말 행복했다."

푸른 공간(blue space, 물이 있는 지역)에 관련된 연구는 녹지 공간에 관한 연구에 비해 그리 많지 않지만, 수 세기 동안 화가, 시인, 조경사들은 우리 안에 있는 물을 향한 애정을 알아보았다.

25년 전 연구자들은 흐르는 물이 있는 풍경이 그곳을 지나가는 사람들에게 회복 효과를 준다는 사실을 발견했다. 물소리 때문일까? 표면에 반사되는 빛 때문일까? 마실 물과 음식(물고기)이 가까워졌기 때문일까? 아니면 단순히 물 근처에서 신체가 활성화되는 것일까? 우리는 여전히 왜 물 근처에 있으면 기분이 좋아지는지 완전히 알지 못한다. 하지만 오늘날 정교한 기술로 수행된 연구들은 이동식 건강 센서로 심박수, 혈액 속 스트레스 수치를 알려주는 생물학적 지표의 수치, 두뇌 변화를 기록했고, 물이 많은 사람을 평온하게 한다는 결과가 나왔다. 어쩌면 물은 21세기를 살아가며 받는 스트레스와 과도한 자극을 뒤바꿀 수도 있을지도 모른다.

여러 연구는 여성들이 물을 보고 있을 때 힘든 운동을 더 많이, 더 길게 견딜 수 있고, 물 근처에서 시간을 더 많이 보낸 사람들은 행복감이 더 크고 우울감은 낮으며, 흐르는 물소리를 들은 여성들이 일반 음악을 듣거나 아무것도 듣지 않은 여성들에 비해 스트레스 호르몬인 코르티솔을 덜 분비한다는 사실을 보여준다.

물론 다른 요소들도 작용한다. 물가의 공기는 다른 곳보다 더 깨끗하고, 물소리는 시끄러운 도시의 소음을 덮어버린다. 물 근처에서 산책하거나 수상 스포츠를 하는 등 몸을 움직이면 행복감이 더욱 커지기도 하고, 물가의 시원한 기온이 높은 기온에서 받는 불쾌함을 줄여주기도 한다.

주의력 회복 이론을 지지하는 사람들은 단조롭지 않고 규칙적인 패턴이 있는 공간, 즉 예측 가능성과 새로움이 함께 있는 풍경에서 우리가 더욱 쉽게 긴장을 풀 수 있다고 믿는다. 예측 가능성(변하지 않는 강의 흐름과 같이)은 두뇌를 편안하게 하고, 새로움(물결, 튀어 오르는 물고기, 일렁이는 물결에 반짝이는 빛)은 정신을 집중하고 몰두할 수 있게 한다. 이와 같은 규칙성과 새로움의 완벽한 조화는 지치고 과부하 된 두뇌에 활기를 불어넣어 단숨에 생기와 평온함을 선사한다. 유리 같은 강물의 표면을 응시할 때 우리의 마음에는 마치 명상할 때와 같이 공간과 여유가 생긴다.

윌러스 니콜스Wallace Nichols의 저서 『블루 마인드Blue Mind』에 따르면 강은 바다 다음으로 '뇌 회복에 도움을 주는 완벽한 풍경'에서 최상위를 차지했다. 각자의 취향이 있지만, 나는 짧은 밤 산책을 할 때나 장거리 하이킹을 할 때 강을 따라 걷는 것을 가장 좋아한다. 강을 따라 걸으면 내비게이션을 사용하거나 지도를 볼 필요가 거의 없어서 혼자 걷거나 대화에 집중하며 걷기에 좋다. 하지만 그렇다고 신경을 모두 꺼버리는 것은 아니다. 강은 예상하지 못한 방식으로(구불구불한 길을 찾아다니고, 강둑을 옮겨 다니고, 낮게 드리운 버드나무를 보는 것) 우리의 인지 능력을 시험하기 때문에 다른 산책만큼 두뇌에 이롭다.

최근 여러 연구는 우리가 물 근처에 있을 때 더욱 이타적이며 소속감을 더욱 크게 느낀다는 사실을 보여준다. 과학은 아직 그 이유를 확실하게 알지 못하지만, 나는 늘 강을 따라 걷는 것이 특히 사회적인 활동이라고 생각했다. 강아지와 산책하는 사람들이나 낚시하는 사람들, 자전거를 타는 사람들이 있을 뿐 아니라, 물에서 배를 타며 노를 젓거나 수영하는 사람들도 많기 때문이다. 강과 운하는 모두 평화로운 안정감을 주는 동시에 다른 사람과 이어져 있는 느낌, 혼자가 아니라는 기분이 들게 한다. 이는 강가에서 만나는 많은 사람이 친구처럼 느껴지는 것뿐만이 아니라, 긴 강가를 걷다 보면 강 그 자체가 우리의 친구가 되기 때문이다. 이를 뒷받침하는 실증적 증거는 없지만, 수많은 작가와 여행자는 강과 친구가 되었던 경험을 들려준다. 나 역시도 이런 느낌을 받은 적이 있다. 이렇듯 여러 방면에서 강은 최고의 안내자인 동시에 신기하게도 최고의 산책 동료가 되어준다.

시골에서는 종종 강과 개울이 교차하는 모습을 볼 수 있는데, 이런 곳에는 야생동물이 많다. 주변에 이런 곳이 있는지 알아보고 자신에게 맞는 경로를 계획해보자. 그리고 가능하다면 좀 더 긴 산책로도 찾아보자. 처음에는 하루 동안 걸어보고, 그다음에는 주말을 투자하자. 이틀간 강을 걸으려면 갈아입을 속옷 하나와 칫솔뿐만이 아니라 짐을 더 많이 챙겨야 한다. 그런 다음에는 더 길게 시도해보자. 유명하고 큰 강 중 많은 곳에 잘 정비된 산책로가 있고, 도중에 머물 장소도 마련되어 있다. 많은 강과 운하에 마을 사이를 쉽게 산책할 수 있는 아름다운 산책로들이 있다. 시골에서만 강 따라 걷기를 할 수 있는 것은 아니다. 도시와 마을에도 강과 운하가 있고, 풍부한 역사를 품고 있는 곳도 많다.

만약 가능하다면 강에 들어가 보는 것도 좋다. 놀랍게도 차가운 물에 잠깐 들어갔다 나오면 행복감을 더 느낄 수 있다고 한다. 차가운 온도는 피부밑에 있는 온도 수용체를 활성화하며, 이 수용체는 아드레날린과 더불어 기분을 좋게 하는 엔도르핀 분비를 촉진하기 때문이다. 2020년 10월 BBC는 찬물에서 수영하는 사람들에 대한 세계 최초의 연구를 보도했는데, 이들 모두의 혈액에서 치매 발병을 늦춘다고 알려진 '저온 충격 단백질'이 발견되었다.

유용한 팁

강을 걷다 보면 길이 헷갈릴 수 있고, 길이 구불구불하면 그만큼 오래 걸어야 한다. 지도나 앱을 활용하자. 강에는 야생동물이 많이 살고 있으니 쌍안경을 챙기는 것도 좋다. 더불어 햇빛이 강한 날에는 눈을 보호할 선글라스를 준비하자.

18

반려견과 함께 걷기
Walk With a Dog

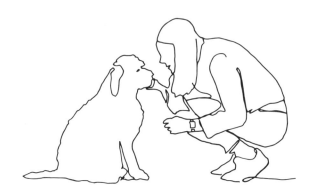

1863년, 영국 요크셔에 살던 마리 에어Mary Eyre라는 한 여성은 빅토리아 시대 여성이라면 대부분 용납하지 않았을 어떤 행동을 했다. 혼자 작은 가방만 하나 들고 프랑스에서 스페인을 가로지르는 피레네산맥을 걸었던 것이다. 이 시대에 여자 혼자 걷기 여행을 떠나는 것은 엄청나게 위험한 일이었다. 하지만 마리에게는 친구가 있었기에 두렵지 않았다. 그 친구는 바로 작은 스코티시테리어였으며, 그녀는 자신의 반려견을 내 외롭고 긴 여정에 함께해준 경호원이라고 설명했다.

반려견과 함께 걷는 것과 그렇지 않은 것은 매우 다른 경험이다. 14년 동안 나는 하루에 두 번씩 활기 넘치는 검은 래브라도레

트리버와 산책했고, 그 아이가 죽은 후에도 그 오랜 습관은 내 안에 남아있다. 몇 달 동안은 걸을 때 옆에 반려견이 없다는 사실이 너무도 슬프고 어색했다. 이제는 산책시킬 반려견이 없는데도 나는 새벽에 일어나 열심히 걷는다. 나는 반려견이 내게 이 습관을 선물로 남겨주었다고 생각하기로 했다. 내 반려견은 매일 산책하는 습관을 선사해주었고, 나는 이 선물을 가능한 오래도록 간직할 것이다.

반려견과 함께하는 모든 산책이 똑같지는 않다. 잠시도 가만히 있지 못하는 강아지와 걷는 것과 나이 많은 개와 함께 걷는 것은 전혀 다르고, 반려견의 크기에 따라서도 산책은 완전히 달라진다. 발뒤꿈치 쪽에서 얌전히 따라오는 반려견과 걷는 것과 달리는 차로 마구 돌진하는 반려견과 걷는 것은 매우 다른 경험이다. 하지만 이것만은 확실하다. 반려견의 주인은(반려견과 함께한다는 표현이 더 적합하지만, 분명히 하기 위해 이렇게 표현한다) 반려견이 없는 사람보다 대개 더 자주, 더 오랜 시간 걷는다. 연구원들은 이를 '레시 효과the Lassie effect'라고 부르며, 여러 연구는 반려견과 주인 사이의 유대감이 깊을수록 함께 걷는 시간이 더 많아진다는 사실을 증명한다.

오늘날에는 개와 함께 걷고 싶지만 키우기는 어려운 사람을 위한 제도가 많이 마련되어 있는데, 보로우마이도기(borrowmydoggy. com)와 같은 지역 내 공유 서비스부터 시작해 개 보호소나 구조 시설에서 자원봉사하는 방법까지 다양하다. 개와 함께 산책하기 위해 꼭 개와 함께 살지 않아도 된다.

2006년 오스트레일리아와 독일에서 진행된 한 연구는 오랜 시간 반려동물을 기른 사람들이 그렇지 않은 사람들보다 의사를 찾아가는 빈도가 현저히 낮고 건강도 좋다는 사실을 발견했다. 이는 반려견을 키우며 함께 따라오는 것으로 밝혀진 추가적인 신체 활동의 결과일 수 있다. 예를 들어, 반려견을 기르는 사람들이 매일 30분 더 활동한다는 사실은 잘 알려져 있다. 이에 더해 무언가를 들어 올리고, 몸을 늘리거나 굽히는 활동도 더 많이 하게 된다. 반려견을 기르며 밥과 물을 챙겨줘 본 사람이라면 모두 알 것이다.

그렇기에 성인 3백만 명을 대상으로 스웨덴 연구에서 반려견을 기르는 사람들이 모든 방면에서 사망률이 낮고, 반려견의 주인이 1인 가구일 때 그 수치가 더욱 떨어졌다는 사실도 그렇게 놀랍지 않으며, 이 결과를 통해 반려동물과의 우정이 우리의 건강에 미치는 신비로운 영향을 짐작할 수 있다. 1인 가구는 대개 다가구보다 사망 위험률이 높지만, 반려견을 기를 때에는 이야기가 달라진다. 또한, 반려견을 기르는 사람은 그렇지 않은 사람보다 콜레스테롤 수치와 혈압이 낮은데, 이들이 반려견과 함께하며 더 많이 걷게 되기 때문으로 보인다.

반려견을 기르면 신체적 건강 그 이상을 받게 된다. 반려견과 산책을 함께하면 옥시토신 수치가 올라가고 코르티솔 수치는 낮아진다. 병원에 입원한 아이들을 대상으로 진행한 어느 연구는 우울증 치료견을 만난 아이들의 스트레스와 불안감이 낮아졌다는 사실을 발견했다. 또 다른 연구는 뇌졸중 회복 단계인 노인들이 재활을 돕는 개들과 함께하면 더 효과적으로 다시 걸을 수 있게 된다는 사실을 밝혔다.

덧붙이자면 인체 내 미생물군을 다루는 여러 연구에서는 반려견과 시간을 보내는 사람들의 소화관에서 더 다양한 박테리아가 발견되었고, 이는 면역력 증진으로 해석할 수 있다는 결과가 나왔다. 한 미국 신문에서는 '반려동물은 새로운 유산균인가?'라는 제목의 기사를 내기도 했다.

게다가, 나이든 반려견을 기르는 사람 역시 두뇌 건강이 더 좋은 것으로 나타났다. 왜 그럴까? 다니엘 레비틴Daniel Levitin은 자신의 저서 『변화하는 정신The Changing Mind』에서 하이킹이 두뇌를 젊게 유지하는 데 매우 중요한 방법이라고 설명한다. 레비틴의 말에 따르면, 하이킹을 할 때 우리는 몸을 움직여 피해야 하는 나뭇가지, 돌아가야 하는 바위와 진흙, 눈에 띄어서는 안 되는 야생동물, 건너야 하는 길처럼 인지 능력이 필요한 상황을 계속해서 마주한다. 또, 그는 우리가 미세 조정을 수백 번씩 해야 한다고 덧붙이기도 했는데, 이는 얼마나 가볍게 착지할지, 어떤 각도로 몸을 기울여 균형을 잘 잡을지와 같이 작은 결정들을 끝없이 내려야 하는 상황을 의미한다. 이 모든 과정은 두뇌를 움직이게 하고, 기능을 유지하게 해준다.

반려견과 함께 산책해본 사람이라면 알겠지만, 반려견이 어떻게 반응할지까지 예측하고 절충해야 할 때 이런 지형 탐색과 관련된 결정과 미세 조정이 더 많아진다. 반려견과 함께 걸으면 반려견도 생각하며 결정을 내려야 한다.

반려견 주인의 두뇌 기능이 더 좋은 이유는 반려견과 함께 산책하며 종종 다른 반려견의 주인들과 대화하게 되는 것과 같은 사회적 양상 때문일 수도 있다. 이런 사실은 반려견 주인의 자존감이 더 높다는, 조금 이해가 쉽지 않은 최근 발견을 설명해줄 것이다. 반려견을 책임진다는 생각이 더 큰 목적의식으로 이어지고, 그렇게 자존감이 높아지기 때문이지 않을까? 한편 반려견을 기르는 가정에서 자란 아이들은 또래들과 어울리는 데 어려움을 덜 겪는데, 이는 반려견이 아이들의 사회 정서적 발달을 돕는다는 사실을 시사한다.

내가 너무나도 사랑했던 반려견과 걸었던 수많은 시간을 되돌아볼 때(나는 이 시간을 자주 생각한다), 가장 생생하게 떠오르는 기억은 내 반려견이 밖을 산책하며 황홀해하는 모습, 호기심으로 가득차 여기저기 냄새를 맡는 모습, 질주하고, 껑충껑충 뛰고, 빠르게 걸으며 보였던 순수한 기쁨, 마지막 몇 달간 속도는 느려졌어도 천천히 걸으며 그 어느 때보다 즐거워했던 모습들이다. 내 반려견은 나에게 자신과 똑같은 열정을 불어넣었고, 그 순간에 완전히 몰입할 수 있게 해주었다. 내 반려견은 다양한 방법으로 내게 어떻게 걸어야 하는지를 알려주었다.

모든 사람에게 반려견을 기를 공간, 여가 시간, 수입이 있는 것은 아니다. 반려견과 걷지 않는다고 해도 우리는 계단을 뛰어 올라가거나, 양떼들이 있는 들판을 걷거나, 다양한 야생동물을 마음껏 바라보거나, 반려견 배설물을 치울 필요 없이 나름대로 여러 즐거움을 느낄 수 있다.

하지만 만약 마리 에어에게 경호원이자 친구인 작은 반려견이 없었다면 그녀가 피레네를 걸을 수 있었을까? 나는 그렇지 않을 섯이라고 생각한다.

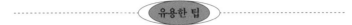

반려견을 입양하기 전에 친구나 친척 또는 봉사활동을 통해 반려견과 함께하는 삶을 미리 경험해보자. 반려견에게 적합하지 않은 길도 있으니, 새로운 경로는 미리 확인하자. 반려견의 배설물은 환경에 해롭고 일부 야생동물에게는 위험하다. 꼭 집으로 가져오거나 지정된 배설물 쓰레기통에 버리자.

19

나무 사이를 느긋하게 걷기
Amble Amid Trees

1960년, 여름 휴가에 해변에서 일광욕을 즐기며 좋아하는 잡지를 획획 넘기던 과학자들은 별안간 정신이 번쩍 들었다. 「네이처」 8월 호에 실린 네덜란드 생물학자 프리츠 발몰트 벤트Frits Warmolt Went 의 논문 「대기 중의 푸른 안개Blue Hazes in the Atmosphere」 때문이었다. 밋밋한 제목과 달리 그 내용은 급진적이었다. 벤트는 우리가 목격 하는 안개란 다름 아닌 방대한 분자 구름이자 나무와 식물이 뿜 어내는 가스라고 주장했다. 15세기 풍경 화가들이 사랑했던 푸른 색, 갈색, 흰색 안개는 바로 빛이 이 분자들에 부딪히며 흩어지는 '레일리 산란Rayleigh scattering' 과정을 거쳐 발생하는 현상이다.

러시아 생화학자 보리스 토킨Boris Tokin은 식물이 자신을 보호하

기 위해 생성하는 이 화합물을 이미 발견해 '피톤치드'라는 이름을 붙였다. 하지만 이 배출물이 지구의 대기에 미치는 영향과 이들의 규모를 최초로 파악한 사람은 프리츠 벤트였다. 벤트는 시대를 몇십 년이나 앞섰다. 벤트의 업적은 새로운 기술이 등장해 과학자들이 이 거대하고 복잡한 화합물을 측정하고 분석하기 전까지 인정받지 못했다. 우리는 아직도 이 화합물의 놀라운 잠재력을 이해하기 시작했을 뿐이다. 나무들이 배출하는 화합물을 연구하면 왜 우리가 숲속을 걸을 때 기분이 좋아지는지 알 수 있지 않을까?

기분뿐만 아니라 건강도 좋아질 수 있다. 이스트앵글리아대학의 연구원들은 20세기 전반에 걸쳐 2억 9천만 명을 대상으로 진행한 연구 140개를 분석해 자연적인 녹지에서 시간을 보내면 2형당뇨, 심혈관계 질병, 조기 사망, 고혈압, 스트레스와 같은 질병 위험 감소를 비롯해 다양한 범위에서 건강에 상당한 이익이 된다는 사실을 발견했다.

오늘날 많은 사람이 숲을 주목한다. 어느 핀란드 연구에서는 성인들이 나무가 많은 숲을 걸은 후 즉각적인 건강 증진을 경험했다는 결과가 나왔다. 임상시험 22개를 분석한 결과 숲 산책을 마치고 돌아온 참여자들은 코르티솔 수치가 현저히 낮았고, 숲을 산책한 사람들의 타액에서도 코르티솔 수치가 상당히 낮게 검출되었다.

일본 연구자들은 20년 전에 비슷한 결과를 찾아냈다. 일본 사람들은 숲 산책을 '신린-요쿠', 즉 산림욕이라고 부르며 숲을 걷는 행위가 혈압, 심박수, 스트레스 수치를 낮춰주고 염증을 완화하며 면역력을 증진한다는 사실을 처음으로 알아냈다.

숲 산책의 이로움은 몸에만 한정되지 않는다. 바르셀로나 국제건강연구소 연구원들은 녹지 근처에 사는 사람들의 정신 기능이 더 뛰어나다는 사실을 발견했다. 영국에서도 연구자들이 10년 동안 6천5백 명의 두뇌를 시험해 참가자들의 주거지 주변에 녹지가 있는지와 비교하는 연구를 진행했을 때 비슷한 결과가 나왔다. 나무와 나뭇잎이 많은 곳에 사는 사람들은 인지 저하가 더디게 나타났다.

하지만 이러한 결과가 우리가 사는 곳에만 관련된 것은 아니다. 10대 학생 5만 명을 대상으로 진행한 연구에서는 녹지 근처에서 학교에 다닌 학생들이 주거지와 관계없이 더 높은 점수를 받았다는 결과가 나왔고, 이로 인해 과학자들이 파악한 나무의 치유 효과는 극히 일부라는 사실이 분명해졌다.

왜 나무는 우리의 정신과 신체에 이토록 강력한 영향을 미칠까? 소수의 과학자는 그 이유가 식물의 잎, 줄기, 뿌리, 몸통에서 생성되는 더 강력한 피톤치드인 테르피넨terpenes이라고 주장한다. 테르피넨에 관련된 연구들은 대부분은 페트리 접시 위에서 이루어지거나 설치류를 대상으로 수행되었다. 하지만 결과는 유망하고 흥미로있다. 알파 피넨(침엽수와 로즈마리에서 발견된다), y-테르피넨(유칼립투스와 잎단풍에서 발견된다), d-리모넨(민트, 말밤나무, 유칼립투스, 향나무, 흑호두나무에서 발견된다) 등 많은 테르피넨이 강력한 항염증제로 작용했기 때문이다. d-리모넨은 노인을 대상으로 한 실험에서 글루코스와 인슐린 수치를 감소시키는 효과가 입증되기도 했고, 우울증이 있는 사람들에게 항우울제보다 더 큰 효과를 보이기도 한다.

사비넨sabinene이라는 물질에서도 항염증 효과가 발견되었는데, 이 물질은 너도밤나무에서 가장 풍부하게 생성하는 테르피넨이다. 라벤더와 자작나무에서 나오는 리날룰linalool은 쥐를 대상으로 한 실험에서 폐 염증에 탁월한 효과를 보였다. 항암 효과를 보이는 테르피넨도 많은 이 물질은 특히 소나무에서 많이 생성된다. 풍나무에 풍부한 캄펜camphene이라는 테르피넨은 강력한 항산화 효과를 보인다. 또, 후물렌humulene(발삼전나무에서 생성된다)을 포함한 몇몇 테르피넨은 신경보호작용을 하는 것으로 밝혀졌다.

숲에서 시간을 보내면 체내 미생물군도 많아진다. 의사들은 오래전부터 자연과 가까운 곳에서 자란 아이들의 체내 미생물군이 더욱 풍부하고 다양하다는 사실을 알았지만, 2019년 핀란드 과학자들은 이 사실을 직접 실험해보았다. 이들은 도시에 있는 보육시설의 놀이 공간에 나무나 덤불을 심어 숲처럼 꾸몄다. 아이들은 이 공간에서 일주일에 다섯 번 1.5시간씩 시간을 보냈다. 연구자들은 아이들의 소화기관과 피부에 있는 미생물군을 일반 보육시설에서 지내는 아이들과 비교했다.

4주 만에 나무 근처에서 시간을 보낸 아이들의 미생물군은 매우 다양해졌다. 연구자들은 아이들의 피부에서 감마프로테오박테리아gammaproteobacteria과가 특히 풍부해졌다는 사실을 발견했는데, 이 박테리아는 면역에 필수적인 역할을 한다고 알려져 있다. 아이들의 체내와 피부 미생물군의 변화는 면역력에 그대로 반영되었다. 숲에서 시간을 더 많이 보낼수록 면역력이 더 강해졌기 때문이다.

하지만 숲의 존재 의미가 우리의 건강은 아니다. 숲은 계절의 아름다움이 펼쳐지는 마법 같은 곳이고, 경이로운 야생동물과 실처럼 엮인 놀라운 균들의 보금자리이며, 이 모든 것들은 복잡하고 기적 같은 생태계 속에서 존재한다. 사뿐하게 걸으며 가만히 움직이고, 피부에 닿는 향기로운 바람을 느끼고, 코끝을 스치는 테르피넨의 향을 음미하자. 새벽이나 땅거미가 내려앉을 무렵의 숲은 그 어떤 곳보다 매혹적이다.

활엽수는 상록수보다 계절별로 보는 재미가 더 크다. 겨울에는 앙상한 나뭇가지들이 새로운 풍경을 만들고, 가을에는 타는 듯 강렬한 색채를 감상할 수 있다. 숲에 직접 닿으면 그 즉시 건강에 좋은 미생물군이 다양해진다는 사실이 증명되었으니, 장갑을 벗고 손으로 숲을 직접 경험해보자. 상록수에는 테르피넨이 훨씬 풍부하다. 걸으면서 숨을 깊게 들이쉬며 그 효과를 최대한으로 얻자. 나무를 지나며 손으로 쓸어보거나 다양한 나무들의 잎을 만져보고, 그 향을 맡으며 걸어보는 것도 좋다.

숲마다 섞여 있는 테르피넨의 종류와 양이 다르니 다양한 시간과 시기에 여러 숲을 걸어보자. 여러 연구에 따르면 두 시간만 걸어도 자연살상세포(natural killer cell, 우리의 면역 체계에 있는 세포로 바이러스와 암세포를 공격한다)가 현저히 증가한다고 한다.

산림욕 분야의 선구자인 리 청Qing Li 박사의 한 연구에서는 숲에서 3일을 보내면 자연살상세포가 최대 50%까지 증가한다는 사실이 증명되었다. 가능하다면 매주 한 번씩은 숲에서 걸으며 시간을 보내자. 「미국 라이프스타일 의학 저널」에 실린 메타 분석 결과에 따르면, 숲에서 얻는 효과는 일주일 동안 지속된다고 한다.

직접 나무를 심거나 지역 삼림 자선단체에 기부하는 방법으로 숲을 늘리는 활동에 동참해보자. '포레스트 카본(www.forestcarbon.co.uk)' 과 같은 단체를 통해 나무를 구매하면 자신의 탄소 배출량을 상쇄할 수도 있다.

다양한 나무가 있는 수목원을 찾아가는 것도 좋다. 관련 지식이 있으면 나무와 숲이 훨씬 매력적으로 느껴진다. 숲을 다룬 최신 과학 서적들을 활용하거나 동식물 종류를 알려주는 앱을 다운로드해보자.

20

기억력을 향상하는 걷기
Walk to Remember

10여 년 전 독일과 미국의 심리학자들은 책이나 화면 앞에 앉아 있는 것보다 밖에 나가 걸으면 기억력에 좋은 영향을 주지 않을까 고민하기 시작했다.

　독일 심리학자들은 아이와 어른을 대상으로 실험을 진행해 앉아있을 때보다 걸을 때 작업기억(working memory, 새롭게 배운 사실을 기억하는 능력)이 더 뛰어나다는 사실을 발견했으며, 이 결과는 아이들에게 더 뚜렷하게 나타났다. 실험 참여자들이 자신만의 속도로 걸을 때 이 기억 능력은 더 크게 향상되었다. 해당 연구자들은 그 이유를 밝혀내지 못했지만, 같은 기간 미국에서도 비슷한 실험이 진행되고 있었다. 캘리포니아주립대와 일리노이대학의 심리학자들은 학생 80명을 모집해 긴 명사 목록을 주고 이를 외우도록 했다. 참여한 학생 일부는 공부를 시작하기 전에 10분 동안 산책했고, 일부는 공부한 다음과 테스트 이전에 10분 동안 산책했으며, 나머지는 공부하는 중과 테스트 도중에 앉아서 풍경 사진을 봤다. 그 결과 이 중 한 그룹이 다른 두 그룹보다 25%나 높은 기억력을 보였다. 연구자들은 그 한 그룹이 공부를 시작하기 전 10분 동안 산책했던 학생들이었다는 사실에 놀라워했다. 테스트 이전 산책은 효과가 미미했고, 연구자들은 공부하기 전 10분 동안 산책하는 것이 기억력에 유리하다고 결론지었다. 하지만 아직도 그 이유가 무엇인지는 밝혀지지 않았다.

이런 실험들이 진행되었던 10년 동안 우리는 기억력과 움직임에 대한 이해를 기하급수적으로 발전시켰다. 활기차게 걷기 운동을 한 뒤 우리는 종종 신체와 정신건강이 훨씬 좋아졌다는 기분을 느끼는데, 오늘날 일부 과학자는 이러한 느낌이 우리가 신체적으로 힘든 일을 할 때 생성되는 아주 작은 분자인 엔도칸나비노이드endocannabinoids 때문이라고 생각한다. 이 분자들은 혈액을 돌며 우리가 아직도 완전히 이해하지 못한 방식으로 혈액 뇌 장벽을 넘어 바이러스 수용체와 결합한다. 엔도칸나비노이드 체계에 관련된 초기 연구들은 이 분자를 수면, 행복을 느끼는 것, 재생 능력, 근육과 뼈를 재건하는 능력과 연관 지었다. 그러나 최근 연구들은 엔도칸나비노이드 체계를 기억력과 연관 짓기도 하는데, 이 미세한 분자들이 두뇌에서 기억을 처리하고 저장하는 부분인 해마의 수용체에도 결합하기 때문이다. 우리가 빠르게 걸으면 엔도칸나비노이드 아만다미드^AEA 수치가 올라간다. 현재 신경과학자 일부는 AEA가 두뇌 유연성을 촉진해 우리의 두뇌가 더욱 효과적으로 자기 자신을 재설계할 수 있게 만든다고 주장한다.

최근 여러 연구는 기억력 증진과 걷는 속도에 상관관계를 밝혔다. 걷는 속도가 달라지면 영향을 주는 기억력의 종류도 달라진다. 한 스위스 신경과학자 팀은 일반적인 속도(평지에서 약간 빠르게 걷는 속도)로 30분 동안 걸었을 때는 맥락 기억이 증진되었고, 매우 활동적으로 걸었을 때(15분 동안 오르막을 빠르게 걷는 것)에는 엔도칸나비노이드 수치가 극적으로 증가해 기억력이 상당히 증진되었다.

다른 연구들은 10분처럼 단시간 느릿하게 걸어도 다양한 기억력 관련 경로들의 소통 증가와 같은 변화가 일어난다는 사실을 발견했다. 스웨덴에서 진행된 새로운 연구에서는 심지어 2분만 걸어도 청소년의 학습 능력과 기억력에 긍정적인 영향을 준다는 결과가 나왔다.

혼란스러워 할 필요는 없다. 만약 단순한 기억력이 필요한 시험을 준비하고 있다면 활동적으로 걷거나 오르막을 걷는 운동을 해보자. 만약 맥락 기억(예를 들어 어떠한 생각을 떠올리며 이름과 얼굴을 연관시키는 것)이 필요하다면 빨리 걷기가 도움이 될 것이다. 가장 좋은 방법은 다양한 속도로 최소 2분 이상 걷는 것이다. 이상적으로는 공부하기 전, 공부하는 중(혹은 한 시간마다), 공부를 끝낸 후에 서로 다른 속도로 걷는 것이 좋다. 이렇게 각기 다른 속도로 걸으면 다양한 기억이 활성화될 것이다.

우리가 생각을 잠시 내려놓고 기억을 정리하는 데 도움을 주는 요소는 걷는 시기와 속도뿐만이 아니다. 걷는 방향 영향을 미친다. 런던대학의 심리학자 알렉산더 악센티예비치Aleksandar Aksentijevic 박사는 114명을 모집해 서로 다른 기억력 실험 6개를 진행했다. 연출된 범죄 영상, 단어 목록, 혹은 여러 이미지를 보고 난 다음, 참여자들은 그에 관련된 퀴즈를 풀기 전까지 앞뒤 방향으로 걷거나 가만히 그 자리에 멈춰 있었다.

그 결과 역방향으로 움직였던 참여자들은 가만히 있었던 참여자들보다 모든 부분에서 정보나 과거의 사건을 더 수월하게 기억해냈다. 실험 여섯 개 중 다섯 개에서 뒷걸음으로 움직였을 때 기억력이 더욱 선명해졌다. 이러한 기억력 향상은 움직임을 멈춘 뒤 평균 10분 정도 지속하였다. 악센티예비크 박사는 움직임이 유도한 이 정신적 시간 여행을 '니모닉 시간 여행 효과mnemonic time-travel effect'라고 이름 붙였다.

날카로운 기억력을 유지하고자 하는 실용적인 이유는 모두가 알고 있지만, 지금까지 여러 연구는 그보다 훨씬 새로운 이유를 밝혀냈다. 연구원들은 기쁘고 즐거운 기억을 불러올 수 있는 사람들이 스트레스 회복력이 더 크다는 사실을 발견했다. 이들에 따르면 긍정적인 경험을 떠올리고 좋은 기억들을 음미할 수 있으면 감정적 회복력이 강해지며 스트레스 환경에 더욱 수월하게 대응할 수 있게 된다고 한다. 걷기는 최근에 학습한 내용을 떠올릴 수 있도록 도와주기 때문에 오래된 기억들에 매달리게 만들 수도 있긴 하지만, 신경과학자들은 걷기 운동이 기억력 감소를 예방해준다는 사실에 동의한다. 2010년 한 연구는 하루에 3킬로미터 이상 걷는 사람들이 노년이 되어서도 기억력이 가장 선명했고, 기억력이 저하될 가능성도 절반으로 떨어진다는 결과를 보여주었다.

한편, 55세 이상의 기억력 저하를 겪는 사람들을 대상으로 진행한 2021년의 한 연구는 걷기 운동 프로그램에 참여한 사람 중 일부의 사고 능력이 향상되었다는 사실을 관찰했고, 이 결과를 바탕으로 규칙적인 움직임이 알츠하이머의 진행을 더디게 만들 수 있다는 추측도 할 수 있게 되었다.

유용한 팁

시험을 준비하고 있다면 시간표에 산책을 넣어 규칙적으로 걷자. 쉬는 시간에 2분만 시간을 내서 걸어도 좋다. 다양한 속도로 걸으면 더욱 좋다. 「브레인 리서치」에 발표된 어느 연구는 빨리 걷는 것처럼 짧고 폭발적인 움직임이 약 한 시간 동안 집중력을 향상해준다는 사실을 발견했다. 그러니 빠른 걸음으로 한 시간 동안 걷기도 시도해보자. 기억력이 떨어지는 것 같다면, 뒤로 걷기를 시도해보자.

힘든 운동을 하지 않아도 된다. 2017년에 진행한 한 연구에 따르면 극심한 운동은 상당한 피로감을 쌓이게 해서 언어 기억, 단기기억, 장기 기억 감소로 이어질 수 있다고 한다. 그러니 완벽한 운동 강도는 바로 걷는 것이다!

21

나만의 선을 따라 호기심 키우며 걷기
Exercise Your Curiosity
Muscle–Walk a Ley Line

1921년 더운 여름날 오후, 알프레드 왓킨스Alfred Watkins는 영국 헤리퍼드셔주의 한 언덕에 올라 익숙한 풍경을 감상하고 있었다. 그는 그 동네에서 태어나 평생을 살기도 했지만, 풍경 사진가이자 아마추어 고고학자였고, 열정적인 자연주의자이기도 했다. 하지만 그날 왓킨스는 그동안 한 번도 보지 못한 어떤 것을 보았다. 왓킨스는 자신이 본 풍경에서 지도로 눈을 돌렸고, 언덕 꼭대기와 수많은 고대 유적지를 연결하는 낯선 직선들을 발견했다. 그의 눈이 뜨인 순간이었다. 왓킨스는 집으로 달려가 지도에 나와 있는 조망 지점에 핀을 꽂기 시작했고, 핀이 만들어낸 직선들은 놀라운 결과를 보여주었다. 왓킨스는 성부터 성당을 거쳐 산과 암석에 이르기까지 역사적인 유적들이 수천 년 전 무역이나 종교가 들어왔던 길을 따라 하나의 직선을 이루고 있다고 주장했다.

왓킨스는 이러한 정렬 패턴에 '리 라인$^{ley\ lines}$'이라는 이름을 붙였고, 그는 최소 네 개의 랜드마크가 모여 리 라인 하나를 만든다고 말했다. 처음에는 지도에서 이러한 현상을 발견했지만, 그 뒤 왓킨스는 리 라인을 직접 여행하며 개울과 샘물부터 오래된 둑길까지 다른 조망 지점을 마주하게 되었는데, 그는 이 모든 리 라인이 우리의 먼 조상들이 걸어서 지나던 고대의 고속도로라고 믿었다. 이렇게 구체화하여 두 권의 책으로 나온 왓킨스의 생각은 왓킨스가 죽은 후 30년이 지나 엄청난 논란이 되었다. 1960년대 뉴에이지를 따르던 사람들이 리 라인이 비밀스러운 에너지의 연결망이자 지구의 힘이 흐르는 선이며, 선조들은 알았지만 우리가 잃어버린 우주의 신비로움이라고 주장했기 때문이다. 많은 사람이 이는 너무 지나친 상상이라고 생각했고, 왓킨스와 리 라인 이론 역시 말도 안 되는 것으로 치부되며 비난받았다.

리 라인을 증명할 과학적인 증거는 없다. 하지만 최근 작가들은 왓킨스의 리 라인에 종종 중세 순례자들의 길, 지하수 통로, 오래전 장례식에 사용하던 길이 포함된다는 사실을 언급한다. 리 라인이 무엇인지는 사실 크게 중요하지 않다. 나만의 리 라인을 만들어 걷기는 호기심을 따라가는 것이다. 나만의 선을 따라 걷는 경험은 호기심을 키워주고, 끊임없이 질문을 던지게 하고, 풍경에 깃든 역사와 정신을 이해하게 하며, 각 건물, 지질학, 지리학,

지명, 식물, 숨겨진 개울, 오랫동안 잊힌 길 사이의 연관성을 찾게 한다.

지난 몇 년 동안 신경과학자들은 호기심을 주제로 연구하며 여러 가지 놀라운 사실들을 발견했다. 카디프대학 동기부여 및 기억력 연구원장 마티아스 그루버Matthias Gruber는 호기심, 학습, 기억 사이의 연관성을 조사하기 위해 실험을 진행했고, 사람들이 어떤 주제에 호기심이 있으면 그보다 덜 흥미로운 주제보다 학습력과 기억력이 높아진다는 결과가 나왔다. 뇌 검사 사진을 보면 호기심은 해마 활성화를 촉진했고, 그 뒤로도 오랫동안 유지되며 이후에 들어오는 정보나 기억 처리를 도왔다. 그루버는 호기심이 기억력에 영향을 미친다고 말하며 호기심이 "그 어떤 정보도 배우고 저장할 수 있는 뇌 상태를 만든다"라고 설명했다.

이전에 이루어진 여러 연구는 호기심이 클수록 개인적인 성취감이 커진다는 연관성을 보여주었는데, 특이하게도 24시간이라는 시차가 있었다. 즉, 호기심이 급격하게 증가하면 '삶의 의미와 만족감'이 하루 동안 이어지는 것이다. 심리학 교수 토드 카슈단Todd Kashdan의 연구 역시 호기심이 있으면 삶의 스트레스를 다루는 데 도움이 되고, 감정적 회복력이 강해진다는 사실을 보여준다. 심리학자 에디스 에거Edith Eger는 자신이 아우슈비츠 수용소에서 생존할 수 있었던 이유가 호기심 때문이었다고 말했다.

호기심은 신체를 보호하는 역할도 하는 것으로 보인다. 1996년 성인 1천 명을 대상으로 한 어느 연구는 호기심이 가장 강한 사람이 흡연 여부 등 그 어떤 질병과도 무관하게 가장 수명이 길다는 사실을 발견했다. 또 다른 연구에서는 호기심이 많은 사람이 고혈압이나 당뇨를 앓을 가능성이 작다는 결과가 나오기도 했다. 호기심 많은 사람은 인간관계와 결혼 생활에서 만족감도 더욱 크게 느낀다.

그러니 불신이나 판단은 미뤄두고 나만의 선을 걸으며 내면에 있는 호기심을 깨워보자.

유용한 팁

왓킨스의 방법을 빌려 사람이나 자연이 만든 의미 있는 장소를 가능한 한 상세한 지도에 표시해보자. 뭐든 직선을 그을 수 있는 물건으로 처음 표시한 장소와 다른 곳들을 이어보자. 네 군데가 모이면 당신만의 선을 완성할 수 있다. 그 선을 따라 걸으며 표시하지 못한 장소들이 있는지 확인해보자.

특히 항공 사진을 참고하면 땅에 묶인 우리의 시선에 잘 보이지 않는 흥미로운 장소, 형태, 선들을 찾아낼 수도 있다.

22

고요 속에서 걷기
Take a Silent Stroll

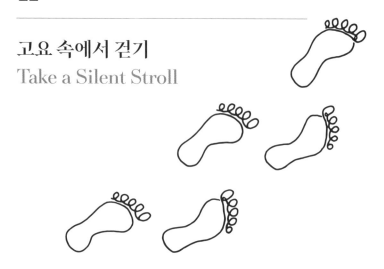

10여 년 전 과학자들은 쥐들이 소음에 노출되면 기억과 학습을 담당하는 해마에 새로운 뉴런 생성이 멈춘다는 사실을 발견했다. 다른 실험에서 과학자들은 매일 두 시간씩 고요한 곳에서 시간을 보낸 쥐들의 해마에 새로운 뉴런이 생성되는 모습을 목격했다. 두뇌에 소음은 나쁘고 침묵은 좋다는 이 단순한 결론은 놀라운 일이 아니다. 1859년으로 거슬러 올라가 보면, 플로렌스 나이팅게일은 『간호에 관한 노트』에 "보살핌을 받지 못하는 상황 중 가장 고통스러운 일은 불필요한 소음 속에 방치되는 것이다"라고 기록했다. 그리고 역사는 그녀의 말을 증명한다.

소음과 고요함에 관련된 가장 최근 실험은 인간을 대상으로 진행했으며, 예상치 못했던 놀라운 결과를 도출했다. 스웨덴 연구자들은 교통 소음에 노출된 사람들이 비만이 될 가능성이 더 크다는 사실을 발견했고, 기차나 비행기 소음에 노출된 사람들은 특히 더 위험하다고 결론지었다.

캐나다인 38만 명을 대상으로 한 어느 연구는 교통 소음과 당뇨 사이에 분명한 연결고리가 있음을 밝혀냈고, 영국 히드로공항 활주로 근처에서 학교에 다닌 학생들은 고요한 지역에서 공부한 학생들보다 기억력과 독해력이 떨어진다는 결과가 나왔다. 미시간대학의 한 보고서는 소음이 심한 환경에서 생활하는 사람들은 알츠하이머에 걸릴 확률이 36% 높다고 기록하기도 했다. 소음은 수면장애, 심장병, 당뇨, 청력 손실, 고혈압, 스트레스로 이어질 수 있다. 만약 소음 때문에 내이에 있는 섬모가 손상되면 청력을 잃게 된다.

세계적인 소음 전문가 스티븐 스탠스펠드Stephen Stansfeld 교수는 이미 들리지 않을 정도로 적응한 소음이라도 우리에게 영향을 미치며, 귀 안쪽으로 들어와 작은 뼈들에 진동을 주고, 두뇌로 들어가는 전자 신호를 변형시켜 스트레스 호르몬이 분비되게 하고, 맥박과 심박수와 혈압에 지장을 주어 하루 주기를 깨뜨린다고 주장했다. 스탠스펠드 교수는 깊고 만족스러운 고요를 느낄 수 있는 공간을 찾아가야 한다고 조언한다.

좋은 소식은 소음이 우리를 쇠약하게 만드는 만큼 고요함이 우리를 회복시켜준다는 사실이다. 입원 환자를 대상으로 한 여러 연구에 따르면 고통을 덜 느끼게 하는 데에 재즈 음악보다 고요함이 더 큰 효과가 있다고 한다. 2006년, 음악의 생리학적 효과와 관련해 사람들이 서로 다른 음악 장르에 어떻게 반응하는지를 조사한 한 연구는 참여자의 스트레스 지표에 가장 극적인 효과를 주었던 요소는 음악이 아니라 고요라는 사실을 발견했다. 위로를 주는 음악보다 마음을 더 진정시키는 것은 고요함이었다. 게다가, 음악을 들은 후의 고요함에는 더 큰 진정 효과가 있었다. 다시 말해, 고요함은 대조적인 상황에서 강화되었다.

이후 오레곤대학에서 진행한 연구는 우리 두뇌에서 소리를 처리하는 부분은 단순히 소음이 없어진다고 해서 멈추지 않는다는 사실을 입증했다. 두뇌는 멈추는 것이 아니라 고요함에 반응했다. 아무것도 듣지 않아도 되고 방해되는 소리도 없을 때 우리의 몸은 휴식을 취하고 두뇌는 새로운 뉴런을 만들기 시작한다. 고요함은 명상과 매우 비슷하게 작용한다.

하지만 고요하게 산책하려고 꼭 혼자여야 할 필요는 없다. 다른 사람과 말없이 걸을 때면 무언가 묘한 느낌이 든다. 만약 그때 곁에서 같이 걷는 사람을 좋아한다면 우리는 그 사람과 발을 맞추게 되는데, 이를 걸음 동기화라고 부른다. 일본에서 진행된 한 연구는 모르는 사람과 10분 정도만 조용히 걸어도 유대감이 형성된다는 사실을 발견했고, 이는 같은 속도와 보폭과 리듬으로 걸음이 맞춰지는 모습으로 나타난다. 이 실험에서 서로를 모르는 참여자들은 두 명씩 고요한 길을 나란히 걸었다. 그동안 연구자들은 동작 감지 센서로 두 사람의 발걸음을 추적했다. 참여자 중 서로 첫인상이 좋았던 사람들은 보폭과 리듬이 금세 비슷해졌다. 고요한 길을 4백 미터 정도 걸은 후 서로에 대한 이들의 인상은 더 좋아졌는데, 이는 어떠한 비언어적 소통이 이루어졌다는 것을 의미한다. 연구자들은 첫인상이 걸을 때의 행동에 반영된다는 사실에 놀라며 고요함 속에서 나란히 걷는 것이 서로 모르는 두 사람 사이의 관계를 우호적으로 바꾸었다는 결과에 주목했다.

물론 완벽한 고요함은 없다. 아주 고요한 곳에 있다고 해도 우리는 자신의 숨소리와 발소리를 들을 수밖에 없다. 하지만 청소기가 내는 소리, 차들이 달리는 소리, 잔디 깎는 기계 소리, 경적, 비행기 소리 같은 소음이 들리지 않는 곳들은 있다. 이런 장소들을 찾아가자. 휴대전화는 꺼두자. 고요함이 어떻게 사물의 소리뿐 아니라 눈에 보이는 모습까지 달라지게 하는지 관찰해보자.

유용한 팁

꼭 먼 곳까지 하이킹하지 않아도 된다. 본문에서 언급한 2006년의 한 연구에서는 2분만 고요한 환경에 있어도 참여자의 신체가 이완되었다고 한다. 조용한 곳에서 휴대전화 없이 단 2분만 걸어도 충분하다. 가능한 한 조용히 걸어보자. 이러한 노력이 종종 소리를 더 예민하게 지각하도록 도와준다.

대화해야 한다는 생각을 버리자. 함께 있는 사람과 말없이 걸으면 그 어떤 대화보다 유대감이 강해지는 것을 느낄 수 있다. 이따금 걸음을 멈추고, 눈을 감고, 가만히 귀를 기울이자.

23

높은 고도에서 걷기
Walk at Altitude

1930년대, 소련 과학자 그룹이 저산소증hypoxia이
인체에 미치는 영향을 조사하기 시작했다. 그 후 몇십 년
동안 소련 연구자들은 고도가 높은 산 위에서 인간과 동물을 대
상으로 실험을 자행했다. 이들은 계속 이어지는 산소 결핍과 간헐
적인 산소 결핍이 미치는 영향을 모두 조사했고, 자신들이 놀라운
사실을 발견했다는 것을 금세 깨달았다. 마침내 이들은 어떤 기술
을 완성할 수 있었고, 이 기술을 인터벌 저산소 훈련IHT이라 명명
했다. IHT는 몇 분간 저산소 환경에 노출되었다가 다음 몇 분간
회복 단계를 거치는 방법이다. 이 방법은 운동선수, 천식 환자, 암
환자에게 특히 도움이 되었다.

소련에서 이와 같은 실험이 시작되고 60여 년 뒤 IHT와 관련된 연구들이 러시아 의학 저널에 비밀스럽게 등장했지만, 초기 실험들의 상세한 정보들은 흔적도 없이 사라진 채였다. 서양 과학자들은 이 연구에 관한 소문을 듣고 자신들만의 실험을 수행했다. 그렇게 적당한 고도(와 더불어 적당하고 간헐적인 저산소증)에서는 인체에 유익한 생화학적 변화가 일어난다는 의견 일치가 이루어졌다.

고도와 만성 질병 사이의 연관성을 조사한 미국 연구자들은 고도 1천5백 미터 이상에서 생활하는 사람들이 해수면과 비슷한 고도에서 생활하는 사람들보다 보통 3년 정도 수명이 길다는 사실을 발견했다. 이 연구자들은 높은 곳에 사는 여성이 특히 해수면 근처에서 생활하는 사람들보다 비만할 가능성이 작고, 심장병으로 사망할 가능성은 더 작다는 사실도 알게 되었다. 비만, 심장병과 고도 사이에 존재하는 이 연관성은 네팔, 인도, 아르헨티나에서도 발견되었다. 높은 곳에서 생활하는 사람들의 건강이 더 좋다는 증거는 계속해서 나오고 있다.

높은 곳은 공기가 희박하고 산소 분자 수도 적다. 우리의 몸은 이렇게 줄어든 산소를 보상하기 위해 적혈구를 더 많이 생산할 뿐 아니라 심장으로 향하는 예비 경로 역할을 하는 혈관을 새롭게 만들어낸다. 높은 곳에 사는 사람들에게서는 암과 뇌졸중 발병률도 낮게 나타난다. 최근 연구 결과들은 공기가 희박해지면서 식욕이 줄어듦과 동시에 신진대사는 증진하고, 이에 따라 면역력과 기분이 좋아지고 퇴행성 관절염과 위장 장애가 줄어든다는 사실을 보여준다. 미국 콜로라도대학 고도 연구 센터장 로버트 로치Robert Roach에 따르면 고도가 높은 곳에서는 지방을 태우는 효율이 더 높아지고, 더 분명하게 사고하며, 운동 지구력도 강해진다고 한다. 호흡기 장애가 있는 사람에게는 높은 곳이 좋지만은 않지만, 러시아 과학자들은 IHT를 활용해 천식과 만성 폐 질환 치료에 성공적인 결과를 냈고, 가장 최근의 연구에서는 몇몇 질환(전 세계적으로 사망자가 가장 많은 만성 폐쇄성 폐 질환 등)이 고도가 높은 곳에서 덜 발생한다는 사실을 보여주기도 했다.

아직 걸음마 단계인 이론들이 많긴 하지만, 몇몇 연구자들은 산소 부족이 우리의 신경계가 그러한 상황에 대항하게 하며, 그 과정에서 세포와 뉴런을 보호하고 재생시킨다고 믿는다. 아직 아무도 정확한 이유를 설명하지는 못하지만, 뛰어난 운동선수들은 이미 근력, 속도, 전반적인 능력을 향상하는 동시에 적혈구를 끌어올리려는 목적으로 고도가 높은 곳에서 훈련한다. 새로운 세대의 과학자들은 척추 손상, 다발성 경화증, 뇌졸중 등의 다양한 질병에 '치유 효과가 있는 간헐적 저산소증'이 관련된 가능성을 열심히 연구하고 있다.

적당한 고도에서 하이킹하면 높은 곳의 장점을 경험해볼 수 있다. 나는 매년 일주일 동안 고도 약 2~3천 미터의 산을 걷는데, 산에서 보는 풍경을 사랑하기 때문이기도 하지만, 활기를 불어 넣어주는 공기와 더불어 세포와 뉴런이 재충전된다는 느낌이 좋기 때

문이다. 연구자들은 건강을 증진하면서 지나치게 높이 있다는 정
신적인 스트레스를 피할 수 있는 고도가 2~3천 미터라는 사실에
모두 의견을 같이한다.

━━━━━━━━━━━━━━━（ 유용한 팁 ）━━━━━━━━━━━━━

몸 상태가 괜찮을 때 적응할 시간을 충분히 두고 목표한 고도보다
낮은 곳에서부터 연습을 해야 한다. 전에 높은 곳에서 걸어본 적이
없고 질병이 있다면 반드시 의사와 상의할 필요가 있다. 누군가에게
는 괜찮은 고도가 누군가에겐 좋지 않은 영향을 줄 수도 있다.
계속 수분을 보충하자. 높은 곳에서는 땀을 흘리지 않아도 폐를 통
해 계속해서 수분이 고갈되기 때문에 계속 물을 마셔줘야 한다. 높
은 고도에 적응할 때는 와인 한 잔을 포함한 알코올을 철저히 피해
야 한다.
높은 곳으로 올라갈수록 추워지니 옷을 여러 겹 입어야 한다. 습기
를 흡수할 수 있는 원단을 고르고, 면 티셔츠는 멀리 치워야 한다. 높
은 곳의 날씨는 예측하기 힘드니 일기예보를 주의 깊게 보고, 만일
을 대비해 방수 기능이 있는 의류도 챙겨야 한다. 높은 곳에 가면 자
외선이 강해지니 자외선 차단제를 바르고 선글라스를 써야 한다. 높
은 곳에서 걷는 것은 해수면 근처를 걷는 것보다 훨씬 힘들다. 필요
한 짐만 챙겨 감당할 수 있을 정도의 가방을 준비해야 한다.

항상 지도를 참고하고 절대 휴대전화에만 의지하지 말자. 모두가 고산병에 걸리지는 않지만, 2천 미터 이하에서도 힘들어질 수 있으니 두통, 메스꺼움, 어지러움, 심각한 숨 가쁨과 같은 증상을 기억해두자. 이런 증상이 있으면 곧바로 내려와야 한다.

24

종이 지도를 보며 걷기
Walk With a Map

1924년 9월, 한 18세 소녀가 일간지 더미에 몸을 묻고 파리 라틴지구의 퐁 생 미셸 다리 밑에 웅크렸다. 필리스 피어솔Phyllis Pearsall은 옆의 주정뱅이들에게 눈길조차 주지 않고 오직 자신의 머릿속에 만들고 있는 지도에만 집중했다. 그녀는 오빠와 함께하려고 런던에 왔지만 오빠는 사라져버렸고, 돈도, 친구도, 가족도, 갈 곳도 없었다.

필리스에게는 파리 지도 역시 없었다. 필리스는 이전에 본 장소를 기억해 머릿속에 밑그림을 그린 뒤 계속해서 덧그리며 지도를 완성했다. 필리스는 이 기억 속 지도로 파리의 길을 찾아다녔고, 시계를 보는 법을 배웠으며, 냄새로 자신이 지금 어디쯤인지 알아차렸다. 아침에는 쇼콜라 쇼 향기가 퍼졌고, 점심에는 닭 요리 냄새와 갈레트 냄새가 났고, 저녁에는 생선, 마늘, 양고기를 굽는 냄새와 사과 파이 냄새를 맡을 수 있었기 때문이었다. 필리스는 최초로 런던의 거리까지 모두 기록한 지도를 만들어 지도 회사 '지오그래퍼스 AZ 맵 컴퍼니'를 설립하며 세계에서 가장 성공한 지도 제작자가 되었다.

필리스는 90세 생일을 한 달 앞두고 숨을 거둘 때까지 쉼 없이 일했다. 그녀는 매일 걷는 것이 두뇌를 성장시킨다는 사실의 산증인이었다. 그리고 가장 단순하고 쉬운 방식으로 이를 실천하는 방법은 종이 지도를 보며 걷는 것이다. 늘 다니던 길에서 벗어나 머릿속 지도를 참고하거나 종이 지도를 보며 걸으면 말 그대로 사고가 넓어진다.

뇌과학에서는 길을 찾을 때 활용하는 뇌 부위 해마는 활용하면 성장하고 그렇지 않으면 약해진다고 설명한다. 마치 사용하지 않으면 없어지는 길 찾기 근육과 같다. 런던 블랙캡 택시 운전사들을 대상으로 한 연구들은 런던의 모든 길을 외워야 하는 기사들의 해마 뒷부분이 놀라울 만큼 크다는 사실을 발견한 것으로 잘 알려져 있다. 위성 내비게이션 시스템이 이 모든 것을 망쳐버렸지만. 내비게이션 전문가 데이비드 배리David Barrie에 따르면 우리가 기술에 의존할수록 두뇌에서 필수적인 부분이 수축할 뿐 아니라 알츠하이머와 치매에 걸릴 가능성도 커진다고 한다. 알츠하이머는 길을 찾는 능력을 현저히 떨어뜨리는 것으로 악명이 높다. 나

역시도 치매를 앓으셨던 할머니께서 자신이 어디에 있는지를 몰라 헤매던 모습을 생생하게 기억한다.

이런 일은 왜 일어나며, 걷기가 어떻게 이를 예방해줄 수 있을까? 해마는 우리가 갔던 모든 곳의 정보를 저장한다. 새로운 장소에 갈 때 우리는 공간 기억을 만들어내게 되는데, 이 기억은 위치 세포, 격자 세포, 경계 세포라는 일련의 세포에 저장된다. 이러한 세부사항은 머릿속 공간 지도에 그려진 뒤 해마에 저장된다. 우리가 새로운 장소에 가면 머릿속 공간 지도는 자동으로 다시 정리되며 그 과정에서 완전히 새로운 지도를 만들어낸다. 언제든 필요할 때 필요한 정보를 꺼낼 수 있는 거대한 파일 기록 시스템이라고 생각하면 된다. 이 시스템에는 우리가 살았던 모든 집, 일했던 사무실, 학교 가는 길, 도로, 들판, 공원이 저장되어 있다. 이러한 정보는 모두 언제든 다시 꺼내볼 수 있도록 깔끔하게 정리된다. 게다가 이 지도들은 각자의 기준을 따라 고유한 방식으로 만들어진다.

이는 놀랍고 보존할 가치가 충분한 머릿속 시스템이다. 이 시스템이 없으면 물리와 공간적으로 길을 잃기 때문이기도 하지만, 공간 기억은 우리의 정체성에 내재하기 때문이다. 자의식은 우리가 살았던 여러 장소에 뿌리내리고 있는 경우가 많다. 공간 기억을 잃어버리는 것은 우리 자신을 구성하는 본질적인 요소를 잃는 것과 같다.

최근의 연구들은 공간 탐색에 관련된 뇌 부분이 예측, 상상, 창의력과 같이 개념과 관련된 탐색에서도 결정을 내리는 데 도움을 준다고 추측한다. 일부 연구자는 이런 뇌 부분이 사회적 탐색 기능에도 관여하며 사람 사이에 관계를 맺는 데에도 도움을 주는 것이 아닐까 생각한다. 여기에서 알 수 있는 메시지는 분명하다. 공간 세포가 줄어들면 우리를 구성하는 나머지 요소도 함께 줄어든다.

기술에는 많은 이점이 있지만, 두뇌 단련에는 좋지 않다. 그러니 지도를 들고(비 올 때를 대비해 방수가 되면 더 좋다), 휴대전화는 끄고, 어디든 걸으러 나가자.

나는 지도를 보며 걸을 때 목적지만 대충 정해두고 시간은 정하지 않는다. 도시의 길은 다양하므로 산책길을 고르는 과정 자체가 특히 머리를 쓰는 일이 된다. 출발하기 전에 충분히 시간을 들여 지도를 익히면 좋다. 방향도 감을 잡아야 하고, 얼마나 걸릴지 시간도 대략 예측해야 하고, 간선 도로가 없는 이상적인 길도 찾아봐야 한다.

랜드마크에 집중하며 걸으면 지도가 있든 없든 도움을 받을 수 있다. 여러 연구는 랜드마크가 클수록 더욱 유용하다는 사실을 보여준다. 교회 첨탑이나 커다란 나무를 생각하면 된다. 개인적으로 의미 있는 랜드마크라면 기억에 더 오래 남는다. 내 아이들은 빵 가게나 아이스크림 가게를 절대 잊어버리지 않는다.

눈에 보이는 랜드마크로 자신의 공간적 위치를 파악하는 것을 '랜드마크 기반 탐색'이라고 한다. 하지만 두뇌를 더 열심히 일하게 하려면 모든 감각을 동원해야 한다. 인류의 후각은 생각보다 훨씬 발달해있다. 최근 진행된 실험에서는 학생들이 눈을 가린 채 네 발로 기어 향기를 따라갔고, 놀라운 성공률을 보였다. 두 발로 걸으며 공장, 주유소, 빵 가게, 나무 냄새를 맡아보자. 두 귀도 활용하며 위치를 알려줄 수 있는 소리를 기억하자. 자신이 어디에 있는지 지도로 확인하고, 원한다면 랜드마크와 냄새와 소리를 지리적 위치와 상호 참고하는 것도 좋다.

시골에서는 탐험가 트리스탄 굴리Tristan Gooley처럼 자연의 신호를 활용해 길을 탐색해봐도 좋다. 공작나비가 문명이 가까워졌음을 나타내는 신호이고, 이끼를 보며 방향을 찾을 수 있을지 누가 알았을까?

아이들과 함께 걸을 때도 지도를 활용하면 특히 좋은데, 아이들이 지도 안에 있는 모험을 좋아할 뿐 아니라 미디어 노출이 늘어나는 것과 안전에 대한 걱정 때문에 탐색에 관련된 두뇌 근육이 발달하지 않을 위험에서도 벗어날 수 있기 때문이다. 누구와 함께하든, 길을 찾고 지도를 함께 보며 그 모든 혜택을 나누자.

유용한 팁

시골에서는 방향을 찾기가 더 힘들다. 나침반을 가져가거나 휴대전화에 있는 나침반을 활용하면 좋다. 시골에서 지도를 보며 걸을 때는 목적지가 아니라 어떤 길로 갈지를 정하는 것이 좋은데, 길을 찾는 두뇌 근육 성장에는 두 가지 모두 효과적이다. 아이들과 걷는다면 지도를 읽는 일을 맡긴 뒤에 아이들이 이끄는 대로 따라갈 각오를 하면 좋다.

지도를 보지 않고 돌아오는 것도 시도해보자. 무엇보다도, 정말 필요할 때가 아니면 휴대전화 지도를 보고 싶은 마음을 이겨내야 한다.

25

목적지를 향해 걷기
Walk With Purpose

유명한 프랑스 작곡가 에릭 사티^{Erik Satie}는 매일 집에서 스튜디오까지 걸었다. 그리고 하루가 끝나면 파리를 가로지르는 약 9.6킬로미터 정도의 그 길을 다시 걸어서 돌아왔다. 사티가 걷는 길은 위험한 곳으로 악명이 높아서 그는 늘 망치를 가지고 다녔다. 사티는 늘 빠르고 단호하게 걸었고, 안전을 위해 주위를 살필 때조차 머릿속에서 작곡을 이어갔다. 나는 사티가 이렇게 목적을 가지고 빠르게 걸은 덕분에 압생트를 마시는 습관을 이겨내고 세상을 떠날 때까지 음악을 만들어낼 수 있었다고 생각한다.

오늘날 연구원들은 사티의 보행 방법이나 움직임을 '실용적 걷기' 혹은 '목적 있는 걷기'라고 부른다. 목적의식을 향한 인간의 욕

144

구가 자기 자신을 어떻게 인지하는지 정의한다는 사실은 계속해서 밝혀지고 있다. 목적은 우리 삶에 의미를 부여한다. 수많은 연구가 우리를 집중하게 하고, 호기심을 갖게 하고, 만족하게 만드는 목적의식의 힘을 증명했다. 살아있는 한, 우리는 걸을 수 있다. 걷기라는 목적이 있으면 속도를 높일 수 있으며, 사티처럼 더 빨리, 더 멀리 가도록 자기 자신을 격려하게 된다. 그리고 그 과정에서 더 건강해지고 기분도 좋아진다.

우리는 모두 주말 오후에 하는 산책을 좋아하고, 가족이나 친구들과 느긋하게 산책하기 위해 풍경이 아름다운 지역 명소를 찾아가는 사람도 많다. 이렇게 산책하면 얻을 수 있는 이점이 많지만, 우리가 문을 나와 사무실, 집, 혹은 약속에 가는 것처럼 목적지를 염두에 두고 걸을 때 우리는 '부수적 활동'을 하게 된다. 사티가 매일 걸어서 출퇴근했던 것처럼 목적이 있는 부수적인 걷기는 걷는 시간을 늘리는 가장 쉬운 방법이다. 건강 증진이라는 관점에서도 가장 효과적인 방법이다.

오하이오주립대학에서 12만 5천 명을 대상으로 진행한 어느 연구는 목적을 가지고 걷는 사람들이 단순히 기분 전환 삼아 걷는 사람들보다 더 빠르게 걷고 건강함을 느낀다는 사실을 밝혔다. 부교수 굴사 아카르Gulsah Akar는 기간이나 목적과 관계없이 모든 걷기는 기분을 좋게 만들어주지만 실용적인 목적이 있는 걷기는 건강 증진 효과가 현저히 뛰어나다고 말한다. 아카르 교수는 직장, 가게, 약속 등 목적을 갖고 걷는 사람들이 한가한 시간에 걷기 운동을 하는 사람보다 더 빨리 걷는다는 사실을 발견했다. 이렇게 속도가 빨라지기 때문에 더 건강해지는 것처럼 느낄 수도 있다. 아카르 교수는 직장을 목적지로 하면 걷는 속도가 특히 빨라지며, 건강에 긍정적인 영향을 미친다는 사실을 알아내기도 했다.

매일 다니는 길을 걸어 다니기 시작하면 더욱 활기 넘치게 걸을 수 있을 뿐 아니라 더 오랜 시간 운동하게 된다. 아카르의 연구에서는 집에서부터 걷기 시작할 때 더욱 오랜 시간 빠르게 걷는다는 사실을 발견했는데, 이는 건강에 상당한 이점이 된다. 걷기 강사 조안나 홀은 아주 짧은 거리라고 해도 집에서 걷기를 시작하는 것이 정말 중요하다고 말한다. "길을 알면 더 빠른 속도로 걸을 수 있고, 그 길이 집 앞에 있다면 걷기를 미루는 일이 훨씬 줄어드니까요." 많은 사람이 걷기를 지루하게 생각하며 미루는 것은 집 근처가 너무 익숙해서 지루하다고 생각하거나 길이 위험해 속도를 높여 걷기 때문이다. 혹은 바쁜 하루 속에 일상적인 걷기를 어쩔 수 없이 끼워 넣어야 하는 부담 때문이기도 하다.

어느 쪽이든 삶에 목적 있는 걷기를 더하는 것은 그리 어렵지 않다. 걸어서 갈 수 있는 거리에 약속이나 행사가 있다면 가능한 차를 타지 말고 걸어보자.

저녁과 오후 산책에도 목적이 있을 수 있다. 집에서 시작해 특정한 시간에 집에 돌아와야 하는 이유를 만들자. 오븐에서 음식을 꺼내야 한다거나, 좋아하는 TV 프로그램 시간에 맞춘다거나, 그 냥 휴대전화로 알람을 맞출 수도 있다. 어떤 것이든 좋다.

유용한 팁

속도를 높이려면 도착 시각은 정해두고 출발 시각을 조금씩 늦춰 보는 방법도 좋다. 위험하거나 오염된 길을 지나야 한다면 대안을 찾아보자. 지도 앱에서 걷기에 적합한 길을 쉽게 찾을 수 있다.

오디오북이나 팟캐스트를 들으면 실용적인 걷기도 정말 흥미로워 진다. 하지만 차가 오는 소리를 들어야 하니 이어폰 한쪽은 꼭 빼 두어야 한다. 걸어서 하는 마라톤 훈련, 하루 걸음 수를 세는 것도 목적 정하고 걷기를 실천할 수 있는 좋은 방법이다.

집 근처에서 안전하게 걸을 수 없다면 걸을만한 길을 만들거나, 녹지를 더 많이 조성하거나, 자동차 주행 속도를 줄이는 법안을 만들어달라고 지자체에 건의할 수 있다.

26

햇살 아래에서 걷기
Walk in Sunshine

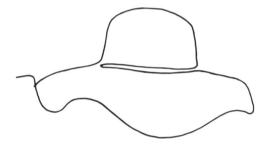

태양 숭배는 수천 년 동안 존재했지만, 햇빛이 건강에 도움이 된다는 사실은 덴마크의 어느 과학자가 동네 고양이들을 관찰하고 나서야 비로소 알려지기 시작했다. 닐스 뤼베르 핀센Niels Ryberg Finsen은 신체가 쇠약해지는 병을 앓으며 일광요법에 관심을 가지게 되었다. 의과대 학생 시절, 고양이들이 자석에 이끌리듯 햇볕이 잘 드는 장소로 모이는 모습을 본 핀센은 자기 자신을 대상으로 더 열심히 실험을 진행했고, '태양 빛은 유용하고 중요한 효과를 낸다'라는 자신의 주장을 더욱 확신하게 되었다.

1903년 핀센은 일광요법, 그중에서도 특히 결핵의 일종인 심상성낭창lupus vulgaris에 관련된 업적으로 노벨상을 받았다. 핀센의 업적은 널리 퍼졌고, 유명한 일광요법 치료사인 오귀스트 롤리에 Auguste Rollier 박사는 스위스 알프스에 일광요법 센터 36개를 설립했다. 이곳의 환자들은 롤리에 박사의 지도를 받으며 이른 아침 5분 동안 발에 햇볕을 쬐는 것처럼 천천히 치료를 진행해 나가며 놀라운 결과를 얻었다. 어쩌면 당연하게도 햇볕에 그을린 피부는 부유함 뿐 아니라 건강의 상징으로 유행하기 시작했고,「타임스」는 "어둠은 곧 질병과 죽음이다"라는 대담한 제목의 기사를 내기도 했다.

오늘날 우리는 하루 중 가장 좋은 시간을 인공 불빛 밑에서 보낸다. 실내에서 보내는 시간이 점점 길어지고, 자외선 차단제를 점점 더 열심히 바르고, 주름이 생기는 것을 강박적으로 두려워하고, 공기 오염이 심해지면서 인구의 최대 70%는 태양 빛의 가장 유명한 부산물인 비타민D 부족 상태에 놓이게 되었다. 과학자들은 비타민D는 그 놀라운 이점의 일부일 뿐이라고 생각한다. 우리는 태양 빛을 온전히 받아야 한다. 특히 북반구에 사는 사람이라면, 햇살이 눈부시게 빛나는 모든 곳에 발을 디뎌도 좋다.

비타민D가 이점의 일부라 해도 그 중요성은 거대하다. 태양 빛의 자외선UVB이 우리의 피부에 닿으면 간과 신장을 거쳐 칼시다이올25(OH)D3이라는 호르몬으로 변한다. 칼시다이올은 2주에서 3주까지 지속되기 때문에 우리 몸의 혈청 수치를 일정하게 유지하려면 꾸준히 햇빛을 받아야 한다. 전문가들은 피부 유형과 자외선 지수에 따라 매일 5~30분 동안 얼굴, 목, 팔에 햇빛을 받을 것을 권장한다.

비타민D의 핵심 역할은 코로나19 대유행 기간에 특히 두드러졌는데, 선천성 면역 체계가 기능하는 데 꼭 필요한 요소라는 사실이 분명하게 드러났기 때문이다. 현재 우리의 면역 체계는 선천성과 후천성으로 나뉜다. 후천성 면역은 병원균에 노출되면서 발달하며, 이 과정에서 항체가 생성된다(백신의 원리도 이와 같다). 선천성 면역은 우리 몸에 이미 갖춰진 방어 체계로, 매일 노출되는 세균이나 알레르기 유발 물질 등을 상대한다. 선천성 면역 체계는 많은 바이러스를 막아낸다. 선천성 면역과 비타민D가 연관되어 있다는 것은 곧 혈장 수치가 적절하게 유지되어야 겨울철에 유행하는 독감이나 일반 감기와 같은 질병에 걸리지 않을 수 있다는 사실을 의미하며, 수많은 연구 결과가 이를 뒷받침한다.

하지만 비타민D는 햇빛이 주는 유일한 이점이 아니다. 최근 심장병, 고혈압, 골다공증, 각종 암, 우울증, 치매, 여러 자기 면역 질환이 어떤 결핍과 연결된다는 사실이 밝혀졌는데, 여기에서 부족했던 요소는 비타민D가 아닌 햇빛이었다. 여성 3만 명을 대상으로 20년 동안 진행된 스웨덴의 한 연구에서는 햇빛을 피하는 사람들의 사망률이 극적으로 높다는 결과가 나왔다. 해당 실험의 책임자는 햇빛 부족이 흡연만큼이나 건강에 위험하다고 주장하며 "더욱 적절하고 균형 잡힌 관점으로 햇빛이 우리 건강에 미치는 영향을 생각해봐야 한다"라고 말했다.

오늘날 연구자들은 햇빛에 있는 광자들이 피부에 있는 산화질소를 움직이고, 이들을 순환계로 옮겨가게 만들어 면역 체계에 아주 중요한 요소이자 방어 세포라고도 불리는 T-세포를 활성화한다고 믿는다. 피부에 있는 T-세포는 혈액 속에서 순환하는 양보다 두 배나 많다. 햇빛의 블루 라이트는 피부 표면뿐 아니라 그 안(진피층)까지 침투해 안쪽에 숨어있는 방대한 T-세포들을 급격하게 활성화한다. 조지타운대학 의학 센터의 제라드 아헌Gerard Ahern 은 햇빛은 핵심 면역 세포의 움직임을 증진해 이들을 직접 활성화한다고 설명했다.

게다가 햇빛은 우리의 하루 주기 설정에 필수적인 역할을 하고 멜라토닌 생성을 완화해 우리가 잠들고 눈뜰 수 있게 한다. 이 모든 것들은 비타민D와 아무 관련이 없으며, 그렇기에 햇빛을 피하고 보충제에만 의지하는 것은 정말 어리석은 일이다.

햇빛과 비타민D에 관련된 주제는 서로 얽혀 있어 아직도 논쟁이 활발하게 이루어진다. 연구자들은 아직도 우리에게 필요한 햇빛과 비타민D의 양을 두고 논쟁을 벌인다. 어떤 연구자들은 이 둘을 너무 많이 보충하면 신체 미생물군의 섬세한 움직임을 방해한다고 생각하고, 많은 종양학자와 피부과 전문의는 햇빛을 전부 피하고 보충제만 활용해야 한다고 주장한다.

복잡해보이지만, 결론은 단순하다. 햇살이 좋을 때마다 자외선 차단제를 바르지 말고 소매를 걷은 채 짧게라도 산책하자. 직접 실험해본 결과, 6개월 동안 햇빛에 신경 쓰며 산책하고 나서 자가 면역질환이 사라졌고, 기침 한 번 하지 않고 겨울을 날 수 있게 되었다.

영국의 외과 의사 헨리 고뱅Henry Gauvain은 햇빛을 이렇게 묘사했다. "햇빛은 좋은 샴페인과 같다. 활기를 주고 신체 기능을 활성화하지만, 과하면 독이 된다."

유용한 팁

햇살 좋은 날 산책로나 거리로 나갔을 때, 가능하면 물가를 걷자(빛이 반사되어 자외선을 더 많이 받을 수 있다). 시간이 없다면 하루 중 자외선이 가장 강한 정오 시간을 활용하면 좋다. 햇빛을 받을 때는 자신의 피부 유형, 위치, 시기와 시간에 따라 10~30분 이후 피부를 가려 화상을 방지하자. 시계나 휴대전화로 타이머를 맞춰두면 좋다. 겨울에는 면역력도 약해지고 햇빛도 강하지 않으니 가을에 시간이 될 때마다 햇빛을 받으며 겨울을 준비하자.

중동의 젊은 여성, 벨기에의 폐경 이후 여성들을 대상으로 한 연구에서는 심각한 공기 오염이 자외선량을 현저하게 낮추어 비타민D 부족 위험을 높인다는 사실을 발견했다. 미세먼지 등으로 대기가 나쁜 날에는 걷지 말자.

아침 햇살을 받으며 걸으면 하루 주기 설정에도 도움이 되고, 수면의 질도 높아진다. 햇빛이 너무 눈부시다면 챙이 넓은 모자가 도움이 된다. 햇빛은 기분을 좋게 만드는 호르몬인 세로토닌 분비를 촉진한다. 「란셋」에 실린 어느 연구에 따르면 햇빛이 강할수록 세로토닌 수치도 높아진다고 한다.

피부에 햇빛을 노출하는 시간을 천천히, 조금씩 늘려보자. 걱정된다면 의사와 상담하고 절대 피부를 태우지는 말자. 해로운 자외선은 차단해주지만, 비타민D와 산화질소는 막지 않는 자외선 차단제를 사용해보는 것도 좋은 방법이다.

27

노래를 부르며 걷기
Sing As You Stride

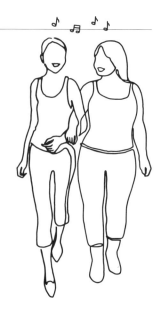

1854년 어느 습한 가을 아침, 작가 조지 보로George Borrow는 웨일스에서 가장 높은 스노돈 산 등반을 시작했다. 맞춘 검은 양복을 입고 한 손에 우산을 든 그는 의붓딸 헨리에타와 팔짱을 낀 채 정상에 도착할 때까지 목이 터져라 웨일스 노래를 불렀다. 보로는 이제 막 숙녀가 되어가는 헨리에타가 고된 산행을 견디지 못할까, 무서워할까 걱정했다. 헨리에타는 노래를 부르며 힘을 얻어야 했다.

보로는 과학자들이 기분 측정, 스트레스 측정, 혈액 검사, 타액 검사, 두뇌 스캔까지 동원해 알아낸 노래의 힘, 즉 힘과 활기와 유대감을 주는 노래만의 힘을 직관적으로 이해했다. 행군하는 병사들, 산을 넘어 학교에 가는 아이들, 시위자들, 산을 오르다 지친 가족들은 과거부터 전략적으로 노래를 하며 걸었다. 우리 가족도 처음 알프스 주말 산행을 갔을 때 노래를 적극적으로 활용했다. 길이 가팔라질수록 우리의 노랫소리도 커졌다. 그리고 조지 보로와 헨리에타가 그랬듯 우리도 노래의 힘에 기대어 기록적인 시간 안에 정상에 도착할 수 있었다.

왜 노래를 부르며 걸으면 조금 더 쉽게 산을 오를 수 있을까? 노래가 주는 생리학적 장점은 잘 입증되어 있다. 노래를 부르면 천연 진통제인 베타 엔도르핀beta-endorphins과 같은 신경 화학 물질이 분비되기 때문이다.

노래를 부르려면 폐를 움직여야 하므로 호흡기 근육이 강해져 더욱 원활하게 숨 쉴 수 있다. 연구자들은 이를 '최적화된 호흡'이라고 부른다. 우리가 걸을 때, 특히 발걸음으로 리듬을 맞추며 노래를 부를 때 필요한 것이 정확히 이러한 호흡이다. 노래를 부르며 폐가 열리면 무의식적으로 자세가 곧아지고 숨을 내쉴 때는 근육의 긴장이 완화된다. 노래 부르기는 유산소운동이다. 걷기와 마찬가지로 노래 부르기도 혈액에 산소를 불어 넣어 우리의 기분을 좋게 하고 활기를 준다. 노래를 부르면 면역력도 강해진다. 수많은 연구는 노래 부르는 사람의 타액에서 면역력을 증진하는 항체인 면역글로불린A lgA가 증가했다는 사실을 입증했다.

1935년, 작가 캐서린 트래빌리안Katharine Trevelyan은 홀로 걸어서 캐나다를 가로지를 때 노래를 부르며 자신을 다독였다. 수많은 연구에서 노래를 부르면 스트레스, 우울감, 불면증, 심장병을 유발하는 코르티솔 수치가 낮아지며 긴장이 풀린다는 사실이 증명되었다.

노래 부르기의 정신적 이점도 매우 설득력이 있다. 암 환자와 보호자, 정신병 환자, 치매 노인, 임산부, 간호직과 학생 등을 대상으로 진행된 수많은 연구에서 노래를 부르면 엔도르핀이 분비되어 행복감을 느끼게 해준다는 사실을 발견했다. 이러한 연구 대부분은 합창에 초점을 맞췄으며, 어느 연구는 혼자 노래를 부르는 것과 합창을 비교했지만, 별다른 차이는 없었다. 누구와 함께하든 어디에 있든 노래를 부르면 기분을 좋게 만드는 엔도르핀이 분비된다.

하지만 다른 사람과 함께 노래를 부르면 특별한 이점이 있다. 합창은 우리를 우리 자신 밖으로 끌어내어 동료들과 함께 리듬, 멜로디, 가사와 하나가 될 수 있게 한다. 우리 자신보다 다른 사람을 생각하게 되면서도 우리 자신을 공동체 일부로 받아들이게 한다. 과학자들은 이러한 상황이 우정, 공감, 유대감을 만드는 신경화학 물질인 옥시토신oxytocin을 분비하게 한다고 생각한다. 뇌 신경과학자 다니엘 레비틴의 말처럼 두뇌에서 옥시토신이 분비되면 우리는 함께 노래하는 사람들에게 진정한 유대감과 믿음이 생기며 행복감을 느끼게 된다.

뇌졸중 생존자와 파킨슨병 환자를 대상으로 한 보고서는 노래 부르며 걷는 것이 재활에도 도움이 된다는 사실을 보여준다.

이런 병을 앓는 환자는 걸음걸이에 제약을 받는 경우가 많다. 보폭이 짧아지거나 균형 잡기에 어려움을 느끼거나 움직임이 매우 느려져서 지팡이에 의지해야만 겨우 몇 미터를 걸을 수 있다. 19~78세 뇌졸중 생존자를 대상으로 진행한 한국의 어느 연구는 극적인 결과를 도출했다. 실험 참여자들은 걷기 속도에 이상적인 90~120bpm 정도의 동요를 부르며 걸었다. 30분이 채 되지 않아 참여자들은 더욱 안정적으로, 더욱 큰 보폭으로, 더욱 빨리 걷게 되었다. 파킨슨병 환자들은 대상으로 한 어느 연구에서도 노래 부르며 걷기가 그 어떤 걷기 방법보다 더 큰 개선을 보여주었다. 우리의 움직임을 통제하는 뇌 부분이 안정적인 리듬을 유지하는 능력 또한 통제하기 때문이다.

무엇 때문에 노래 부르며 걷기가 망설여질까? 레비틴은 타인의 시선을 의식하게 하며 끊임없이 우리를 적절하게 행동하게 하는 두뇌의 억제 회로를 그 이유로 지목한다. 이 회로는 알코올의 영향을 받기도 하는데, 그래서 술을 마시면 유쾌해지고 무모하게 행동하게 되기도 한다. 그렇다면 술을 마시고 알코올이 우리를 사회적 예의범절에서 벗어나게 만들어주기를 바라야 할까? 아니면 함께 걷는 사람들을 구슬려 함께 노래를 불러야 할까?

이제는 그만 망설이고 그냥 노래를 시작하자. 면역력이 강해지고, 기분이 좋아지고, 걸음걸이가 대담해지고, 동료애가 끈끈해지는 것을 느끼자. 어느새 정상이 가까워져 있을 것이다. 노래를 잘 부르지 못해도 괜찮다. 음악 연구자들은 우리 대부분에게 음을 잡아내는 능력이 있으며, 특히 다른 사람들과 함께 노래할 때 그 능력이 더 좋아진다고 믿는다.

유용한 팁

모두가 아는 노래나 쉽게 배울 수 있는 노래를 고르자. 발을 구르게 만드는 멜로디라면 전부 좋지만, 박자가 적절한지도 생각해보자.

산과 계곡을 울리는 당신의 감미로운 목소리를 듣고 싶지 않을 사람도 있을 수 있으니 시간과 장소에 주의가 필요하다.

28

도시락을 들고 소풍 길 걷기
Walk With a Picnic

음식 작가 이자벨라 비튼Isabella Beeton은 자신의 첫 아이가 죽고 둘째 아이가 태어나기 전인 1858년 언젠가 준비했던 소풍의 메뉴를 기록했다.

"차가운 소고기구이 한 덩이, 차가운 삶은 소고기 한 덩이, 양 갈비 두 대, 양 어깨살 두 덩이, 구운 닭 네 마리, 구운 오리 두 마리, 햄 한 덩이. 혀 요리 하나, 송아지 고기 두 덩이와 햄 파이, 비둘기파이 2개. 중간 크기 랍스터 여섯 마리, 소머리 요리 하나, 양상추 열여덟 개, 샐러드 바구니 여섯 개, 오이 여섯 개…. 과일 파이 스물네 개, 치즈 케이크 마흔여덟 개, 캐비닛 푸딩 두 개, 크리스마스 푸딩 한 개, 신선한 과일 몇 바구니…"

심지어 여기에 빵, 케이크, 치즈, 버터 약 27킬로그램, 음료까지 있었다!

이렇게 많은 음식을 멀리 떨어진 소풍 장소까지 가져가려면(거기에 비튼이 필수라고 생각했던 냅킨, 테이블보, 식기를 가지고 갔다가 다시 돌아오려면) 엄청난 근육과 체력이 있어야 할 것이다.

하지만 짐을 나르는 것은 우리 조상들이 매일, 매시간 해오던 일이다. 짐을 나를 때 우리의 근육은 등척성 수축 상태에 들어간다. 등척성 수축은 이두박근 수축과 같은 움직임과는 매우 다른 확장된 수축이다. 소풍 바구니를 들고 걸으면 팔, 어깨, 코어 근육이 수축하고, 이 상태가 바구니를 내려놓을 때까지 지속된다. 이때 관절은 움직이지 않기 때문에 관절에 무리를 주지 않고 근육을 강화할 수 있다.

근육 수축에는 무거운 것을 들 때 근육이 짧아지는 단축성 수축, 무거운 물건을 아래쪽으로 내릴 때 근육이 길어지는 신장성 수축, 근육을 오랜 시간 사용할 때 강하게 당겨지는 등척성 수축까지 세 가지 유형이 있다. 이 세 가지는 모두 함께 일어나며 우리의 팔다리를 지탱하고 안정적으로 유지해주지만, 등척성 수축 운동은 근력, 근지구력, 근육 기동성을 유지하는 데 특히 탁월하다. 오늘날 등척성 수축이 일어나는 활동을 규칙적으로 하는 사람은 거의 없다. 하지만 최근 여러 연구는 단축성 수축이나 신장성 수축 운동이 근육의 88~90%를 사용하는 반면 등척성 수축 운동은 근육의 95%를 사용하게 한다는 사실을 보여준다. 일부 스포츠

과학자는 등척성 수축 운동이 무거운 물건을 들거나 아래쪽으로 내리는 운동보다 근력 향상에 더 효과적이라고 생각한다.

등척성 운동은 재활 프로그램에 많이 활용되는데, 관절에 무리를 주지 않으면서도 근육 재생과 유지를 돕기 때문이다. 등척성 수축이 포함된 운동은 자세를 유지하기 위해 강한 근력이 필요한 요가, 크로스컨트리 스키, 클라이밍, 발레 같은 운동을 하는 사람들에게도 매우 유용하다.

걷기와 짐 나르기가 합쳐지면 단순히 덤벨을 들어 올리는 것보다 훨씬 더 복합적인 운동이 된다. 우리 몸은 한 걸음 걸을 때마다 안정성과 균형을 유지해야 하고, 그동안 두뇌는 균일한 형태를 유지하지 않을 수도 있는 무언가를 들고 어떻게 움직이는 것이 최선인지 계산해야 하기 때문이다. 우리의 팔, 어깨, 배, 코어 근육은 비튼이 준비한 것 같이 무거운 소풍 가방을 들고 걸을 때 더욱 빈틈없이 일하게 된다.

1810년 7월 8일, 작가 엘렌 위튼Ellen Weeton과 그녀의 소풍을 도와주었던 네 남자가 바로 이를 경험했다. 이들은 영국의 산 페어필드 펠의 정상에 오르기 위해 8~9킬로미터를 매우 험한 길을 따라 걸었고, 소풍 가방에는 "송아지 고기, 햄, 닭, 구스베리 파이, 빵, 치즈, 버터, 말린 양고기, 와인, 흑맥주, 럼, 브랜디, 맥주"를 챙겼다. 이렇게 험한 길을 걸으며 대부분 뒤죽박죽이 된 10킬로그램짜리 소풍 가방을 들고 걸으려면 계속해서 근육이 수축해야 했을 것이고, 더불어 근력, 근지구력, 균형감각이 증진되었을 것이다.

과거에는 무언가를 들고 걷는 것이 일상이었다. 매일 농작물이 담긴 바구니, 물 양동이, 작은 닭, 가방, 가죽 배낭을 들어야 했던 그 시기에는 근력 운동을 위한 모래주머니 따위는 필요하지 않았다. 사업가이자 걷기를 좋아했던 윌리엄 허턴William Hutton은 73세에도 물이 든 주전자, 우산, 지도, 노트, 펜, 잉크통를 들고 매일 약 45킬로미터를 걸었다. 허턴은 이 짐을 가볍다고 여겼지만, 분명 몇 킬로그램은 나갔을 것이다.

우리 모두가 호화로운 음식이 든 바구니를 들고 산을 오르내려야 한다는 말은 아니다. 그저 우리의 근육은 무언가를 들고 내리는 것뿐만 아니라 오랫동안 들고 나를 수 있게 설계되었다는 사실을 말하고 싶다. 사용하지 않는 근육은 위축되기 때문에 결국 근육 수축이 심화하고 지나치게 쇠약해져 의자에서 일어서지조차 못하는 근육감소증으로 이어질 수도 있다. 실제로 일부 운동 전문가는 짐을 나르는 것이 근력을 기르는 가장 효과적인 방법이라고 믿는다(물론 이들이 말하는 짐은 소풍 바구니가 아니라 모래주머니다).

아이들이 어렸을 때는 소풍 가는 것을 가장 좋아했다. 아이들은 걷기를 지루해했지만, 소풍은 탐험과 모험이 되었다. 날씨가 어떻든 밖에서 먹는 음식은 훨씬 맛있다. 우리는 비 오는 날 덤불 아래로, 깊은 숲속으로, 도시공원으로, 여름에, 겨울에 소풍을 갔다. 비튼이 생각하는 소풍의 기본에도 미치지 못할 정도로 가볍게 떠났고, 그만큼 무겁게 짐을 챙기지도 않았다.

체육관에서 덤벨을 드는 대신 친구 몇 명을 소풍에 초대해 함께 걷자. 짐을 들고 걸으며 곧 맛볼 맛있는 음식의 기쁨을 누릴 기회일 뿐만 아니라 그 어느 때보다 근육을 강하게 단련할 수 있는 기회로 생각하자.

유용한 팁

편하게 들고 갈 수 있을 짐만 챙기자. 짐은 허리에 바짝 붙이고 양 팔을 활용해 무게가 균일하게 분산될 수 있도록 하자(이를 베어 허그 bear-hug 운반법이라고 부르기도 한다). 농부의 걸음걸이라고 알려진 방법(양손에 들기)을 사용할 수도 있고, 여행 가방 운반법(옛날 여행 가방을 들 때처럼 양손에 번갈아들기)을 사용해도 좋다.

짐을 들거나 내릴 때는 허리가 아니라 무릎까지 전부 굽혀야 한다.

방향을 바꿀 때는 몸통이 아닌 발을 사용하고, 척추를 곧게 펴고 코어를 단단히 잡아 허리와 등을 보호하며 걸어야 한다.

한 손에만 짐이 있다고 걱정할 필요는 없다. 연구 결과에 따르면 한 손만 사용해도 우리의 뇌가 짐을 들지 않은 다른 팔 근육의 힘도 강하게 유지하기 위해 메시지를 보낸다고 한다. 일종의 대리 운동이자 우리 몸이 얼마나 신비로운지 보여주는 예시이기도 하다. 오래 걸어야 한다면 등에 매는 가방에 짐을 넣자.

밤, 비 오는 날, 바람 부는 날 소풍을 가게 된다면 그에 맞게 준비하자(밤에는 따뜻하고 간편하게, 비 올 때는 빠르고 간편하게, 바람 불 때는 따뜻하고 무게감 있게 챙기는 것이 좋다). 무언가 인상적인 요소가 최고의 소풍을 만든다. 샌드위치와 감자 칩은 잊어버리고, 인터넷이나 소풍 관련 책을 찾아보며 새로운 음식을 준비하면 좋다.

29

맨발로 걷기
Walk Barefoot

100년 전만 해도 맨발 걷기는 영국에서도 건강에 신경 쓰는 몇몇 사람들에게만 유행하던 운동이었다. 스코틀랜드 장관이자 '베어 풋 리그'라는 회사의 설립자인 제임스 베인James Bain은 "지구상에서 우리가 발을 디딜 수 있는 모든 곳은 신체 건강에 특별한 도움이 된다"라고 주장했다. 베인은 발이 대지의 이로움을 흡수하고 그 안에 있는 영양을 혈액으로 직접 받아들인다고 믿었다. 베인은 스코틀랜드 시골에서 맨발 걷기를 시작했지만 런던과 에든버러의 포장도로 위에서도 신발 없이 느끼는 상쾌한 자유로움을 포기하지 않았다.

영국 브라이튼에서 열린 어느 여름학교에서 베인은 청소년들에게 맨발 걷기를 소개하고 매일 학교에서 해변까지 약 3킬로미터 정도를 맨발로 걷게 했다. 베인은 학생들이 보여준 결과에 매우 만족했다. "얼마 지나지 않아 학생들의 몸은 활기를 북돋는 가장 강력한 생기로 가득 찼다."

존 베인이 이러한 과정을 거치며 실제로 무언가를 알게 되었을지 모른다는 증거는 계속해서 등장하고 있다. 진화생물학자 다니엘 리버만Daniel Lieberman은 걷기와 관련된 연구에서 완충 기능이 있는 신발을 신으면 발걸음이 무거워져 관절에 엄청난 압력을 주게 된다는 사실을 발견했다. "완충 기능이 있는 신발을 신었을 경우 다리를 움직이는 데 필요한 에너지는 맨발일 때보다 세 배 더 큽니다." 리버만은 자신의 발견이 완충 기능 신발이라는 선물을 얻은 지난 70여 년 동안 왜 무릎 관절염이 두 배 이상 증가했는지 그 이유를 설명한다고 믿는다. 그는 완충 기능 신발이 균형감각에도 영향을 미쳐 나이가 들수록 넘어지기 쉬워질 수 있다고 덧붙였다.

이런 우려를 표시한 사람은 리버만 한 명이 아니었다. 2007년 어느 연구는 현대인의 발을 2천 년 전 골격과 비교해 맨발로 걸어 다녔던 조상들의 발이 우리보다 더 건강하고 형태가 좋다는 사실을 발견했다. 이후 연구자들은 맨발로 걸었을 때 무릎 부위에 일어나는 퇴행성관절염과 허리 통증이 개선되고, 걸음걸이에 긍정적인 영향을 미친다는 사실을 알아내기도 했다.

걸음걸이에 관한 관심은 최근 토 스프링(운동화 앞 코 부분에 살짝 위쪽으로 들리는 부분)까지 확장되었다. 토 스프링을 조사한 첫 번째 보고서는 토 스프링이 보행을 편하게 만들어주긴 하지만 동시에 발을 약하게 만들기도 하며, 족저근막염 등에 걸리기 쉽게 만든다는 점을 지적했다. 해당 보고서는 "발 근육 약화는 우리의 발이 현대의 신발에 완전히 적응하지 못해 발생한 진화적 부조화이며, 아치를 받쳐주고 충격을 완화하는 여러 기능을 가진 신발은 편의를 증진했지만, 발 근육이 해야 할 일을 줄였다"라고 기록했다. 어쩌면 발을 구성하는 26개의 뼈, 33개의 관절, 19개의 근육은 현대 신발이 선사하는 편안함을 그렇게 좋아하지 않을지 모른다.

맨발로 걸을 때는 조금 다르게 걷게 되는데, 발꿈치를 조금 더 약하게 딛고 체중을 고르게 분산시키며 발이 땅에 더욱 가볍게 닿게 된다. 여러 연구는 맨발로 걸을 때 조금 더 천천히 좁은 보폭으로 걷지만, 걸음 수는 훨씬 많아진다는 사실을 보여준다.

더욱 흥미로운 점은 그동안 두꺼운 밑창과 쿠션이 달린 신발 때문에 잃어버렸던 놀라운 감각들이 열린다는 것이다. 발에 있는 신경종말의 수는 발이 신체에서 가장 촉각에 예민하고 감각적인 부분임을 과학적으로 알려준다. 나는 바로 이 점이 맨발 걷기의 가장 큰 즐거움이라고 생각한다. 부드러운 모래, 이슬 맺힌 풀, 깎은 잔디, 촉촉한 이끼, 햇빛에 달궈진 돌을 비롯한 수많은 감각을 느끼다 보면 왜 존 베인이 맨발로 산책하고 돌아온 후 자신의 몸이 복사 에너지로 빛난다고 말했는지 알게 된다.

맨발로 걸으면 걷기라는 경험이 완전히 달라진다. 움직임이 달라질 뿐 아니라 땅에 뿌리를 내리는 듯한 기묘한 느낌이 들고, 발 밑에 있는 새로운 우주를 인식하게 된다. 이것이 바로 걷기를 완전히 느끼는 경험이며, 실제로 경험해보면 매우 즐거운 일이다.

해변의 모래사장, 풀이 자란 산등성이, 이끼 낀 숲길은 처음 맨발 걷기를 시작하기에 좋은 곳이다. 도시라서 환경이 여의치 않다면 맨발로 집이나 정원을 걷는 것도 방법이다.

집 근처에 맨발로 걸을 수 있는 공원이나 산책로가 있는지 찾아보자. 독일은 맨발 걷기의 성지 같은 곳으로 맨발 산책로가 많이 조성되어 있고, 스태퍼드셔 트렌담 가든에 있는 영국 최초의 맨발 산책로는 물, 진흙, 나무껍질, 자갈, 풀로 이루어진 길이 수 킬로미터 정도 이어져 발바닥을 자극할 수 있도록 조성되었다.

밑창이 얇고, 완충 기능이 없고, 볼이 넓은 신발을 신으면 맨발 걷기를 대신할 수 있다. 이런 신발을 신으면 완충 기능, 발아치 지지, 토 스프링처럼 잠재적인 부상으로 이어질 가능성이 있는 현대 신발의 기능은 없이 최소한의 보호를 받을 수 있다. 연구 결과는 이와 같은 신발이 맨발 걷기와 비슷하게 발 아치와 근육을 강화해준다는 사실을 보여준다. 맨발 걷기를 자주 하면 발볼이 넓어져 맞지 않는 신발이 많아질 수도 있다는 사실은 알아두자!

발바닥에 굳은 살이 많아도 괜찮다. 여러 연구는 발바닥에 굳은살이 있는 사람도 그렇지 않은 사람과 똑같은 감각을 경험한다는 사실을 증명했다.

30

음이온을 마시며 걷기
Walk With Ions

1802년 봄, 시인 새뮤얼 테일러 콜리지^{Samuel Taylor Coleridge}는 삶에서 가장 어둡고 우울한 나날을 보내고 있었다. 콜리지는 절망감에, 그 암울함과 희망 없는 막다른 벽에 익숙했다. 하지만 그는 좋은 경치를 보면 우리를 지배하는 고통을 몰아낼 수 있다는 사실 또한 알았다.

이미 걸어본 경험이 많았던 콜리지는 이전보다 훨씬 긴 하이킹에 나섰다. 콜리지는 18개월 동안 홀로 험준한 바위를 오르내리고, 진흙에 묻힌 나무 사이를 지나고, 흐르는 개울을 지나며 기회가 될 때마다 걸었다. 빛나는 햇살 아래에서도 걸었지만, 엄청난 폭우와 따가운 진눈깨비를 뚫고 걷기도 했다.

170

하지만 가장 놀라운 점은 그가 폭포 사이를 가로지르며 걸었다는 사실이다. 콜리지는 폭포를 물로 만들어진 거대한 산등성이라고 불렀고, 자신만의 폭포 지도를 만들고자 했다. 종종 거친 폭풍우 속에서 이루어졌던 콜리지의 폭포 산책은 그가 겪었던 그 어둡고 힘들었던 시간 속에서 가장 큰 위로와 영감을 주는 시간이었다.

오늘날 과학자들은 콜리지가 했던 폭풍우 속 폭포 산책이 지닌 치유 효과를 설명할 증거, 음이온을 찾아냈다. 부서지는 물 표면은 공기 분자를 방해해 분열시키고, 이들을 물 분자와 섞이게 하며 그 과정에서 전력을 만들어낸다(이온화). 이런 방식으로 공기 이온으로 변하는 것이다. 공기 이온은 어떤 전자나 양성자가 지배적인지에 따라 양의 성질(보통 인체에 해롭다)을 띠기도 하고 음의 성질(보통 인체에 이롭다)을 띠기도 한다. 양이온은 더 무겁고, 보통 땅으로 떨어진다. 반대로 음전하를 더 많이 지닌 음이온은 작고 가볍기 때문에 공기 중에 머문다. 이 과정은 엄청난 힘으로 떨어지는 물이 특정한 방법으로 물방울을 조각내며 엄청나게 많은 나노 입자가 공기 중에 안개처럼 맴돌게 되는 폭포 주변에서 증폭된다. 과학자들은 약 백 년 전 폭포 주변에서 보이는 이 특별한 공기를 처음으로 발견했고, 지금은 이를 '폭포 효과'라고 부른다.

오스트리아의 한 연구팀은 폭포 주변 공기를 주제로 2년을 연구했다. 이들은 서로 다른 폭포 다섯 개 주변 공기를 반복해서 주의 깊게 측정했고, 세제곱센티미터당 수십만 개의 음이온을 관찰했다. 이는 보통 야외에서 관찰되는 것보다 무려 120배까지 큰 수치로, 놀라울 정도로 높은 밀도였다.

정말 폭포 근처에 있는 것만으로 기분과 건강이 좋아질까? 여러 연구는 천식을 앓는 아이들이 하루에 한 시간 동안 폭포 근처에서 시간을 보낸 후 증상이 완화되고, 폐 건강이 좋아지고, 면역력이 증진되고, 염증 수치가 낮아졌다는 사실을 발견했다. 그렇다면 이 결과는 건강한 성인에게도 적용될까?

이를 더욱 자세하게 조사하기 위해 또 다른 오스트리아 과학자들은 스트레스를 많이 받는 간병인 90명을 모집해 세 그룹으로 나누었다. 첫 번째 그룹은 하이킹 코스에 폭포를 포함해 하루에 한 시간 동안 근처에서 시간을 보냈고, 두 번째 그룹은 폭포가 없는 코스로 하이킹을 했으며, 세 번째 그룹(통제집단)에는 아무 변화도 주지 않았다.

일주일 후, 하이킹을 한 두 그룹 모두 심박수와 더불어 스트레스가 현저히 줄어들었다. 이 실험은 폭포에서 시간을 보낸 그룹의 정신적 괴로움이 줄어들고, 폐 기능이 인상적일 정도로 증진되었으며, 분비성 면역글로불린 A^{SIgA}라는 필수 항체가 상당히 높아지는 등 모든 부분에서 더 나은 결과를 나타냈음을 보여주었다. 콧구멍, 소화관, 입안 점막에 분포하는 SIgA는 우리 면역 체계의 첫 번째 방어선이며, 코로나바이러스부터 공기 중 오염물질까지 수많은 병원균과 세균을 걸러낸다. 놀랍게도 폭포에서 시간을 보낸 그룹은 8주 후에도 SIgA 수치가 높아진 모습을 보이며 계속해서 면역력이 증진되었다.

이들의 발견은 물에서 생성된 음이온이 설치류의 면역력을 증진한다는 이전 연구들을 반영하며, 그래서 이 오스트리아 연구원들은 폭포 근처에 풍부한 음이온이 우리의 피부와 점막을 통과해 체내 미생물군을 변화시키며 폭포의 영향으로 변화한 미생물군을 만들어내 참여자들의 면역력을 강화했을 것으로 추측했다.

자연 속에 있는 미생물과 피톤치드가 음이온 안개와 섞이고 퍼지는 폭포 주변의 미생물 환경이 우리의 정신과 신체를 치유하는 기적 같은 영약이 될 수 있을까? 과학자들은 아직 답을 얻지 못했다. 하지만 콜리지는 우울감이 사라지고 영혼을 끌어당기는 환상적인 기쁨을 느꼈다고 기록했다. 에바 셀허브Eva Selhub와 앨런 로건Alan Logan은 자신들의 저서 『자연 몰입』에서 음이온이 행복, 인지능력, 수명을 증진하며 우리의 긴장을 풀어주고, 우울감과 불안감을 완화한다는 사실을 밝히며 콜리지의 주장에 증거를 더했다.

한편, 코로나19 유행 동안 빠르게 진행된 어느 연구에서는 음이온이 코로나바이러스 비활성화를 촉진하는 역할을 할 수 있다는 사실을 밝혀냈다. 폭포가 아닌 음이온 생성기를 활용한 오클라호마대학 연구에서는 음이온이 양전하를 띠는 코로나바이러스 끝의 스파이크 단백질(세포막에 있는 단백질 수용체와 결합해 우리 몸에 침투하는 역할을 한다)에 붙어 이를 사실상 무효화시키는 모습을 관찰했다. 또한, 음이온 생성기는 계절성 우울증을 겪는 사람들을 대상으로 한 실험에서도 효과를 나타냈는데, 매일 30분 동안 음이온에 노출되는 치료를 시행한 결과 이들의 기분 상태가 극적으로 호전되었다.

음이온은 미묘하고 복잡한 여러 조건과 요소 속에 존재하며, 연구자들은 계속해서 조사를 이어가고 있다. 하지만 음이온의 수가 가장 적은 곳이 실내라는 사실 한 가지는 확실하다. 음이온의 숫자만 중요한 것은 아닌데, 이는 음이온의 수명이 다양하기 때문이다. 도시에 있는 이온은 몇 초밖에 생존하지 못하지만, 숲, 바다, 폭포 주변에 있는 이온은 최대 20분까지 생존한다.

유용한 팁

오스트리아 연구원들은 흐르는 물의 무게나 힘에 따라 이온 농도가 달라지며, 눈이 녹는 봄이나 비가 억수같이 쏟아질 때 이온 농도가 가장 높다고 말했다. 콜리지가 그랬듯 비바람이 부는 날 물이 맹렬하게 부딪히는 곳을 찾아 적어도 30분 동안 그 거친 음악과 활기 넘치는 이온을 온몸으로 받아들여 보자. 여러 연구는 평균 이온 수치가 가장 높은 곳이 산이라는 사실을 보여준다. 그러니 가능하다면 산속에 있는 폭포를 찾아보자.

안개 낀 봄날 아침에는 산으로 가자. 산과 삼림에는 음이온이 특히 풍부한데, 특히 새로운 잎들이 자라거나 옅은 안개가 낄 때는 음이온이 공기 중에 머물며 탁 트인 평야보다 음이온이 두 배 정도 높아진다.

강이나 바다 같은 야외에서 물보라를 일으키며 수영해도 폭포와 거의 비슷한 미생물 환경을 만들 수 있다. 수영할만한 곳이 있는 산책로를 찾아보자. 해안가에 넘실거리며 부서지는 파도는 해변 공기에 음이온을 가득 채운다. 안전한 정도로 최대한 붙어 걸으며 소용돌이치는 파도를 감상하자.

도시에는 보통 음이온이 부족하니, 분수, 인공 폭포, 강과 같이 흐르는 물을 찾자. 음이온은 비 오는 날 증가한다. 비록 잠깐이긴 하지만 비가 많이 올수록 음이온 수가 많아진다. 그러니 어디에 있든 비가 쏟아지는 날 바깥을 걸어보자.

음이온 농도는 보통 이른 아침부터 한밤중에 가장 높고, 오전 7~11시에 정점을 찍은 뒤 정오에 줄어들었다가 오후에 점차 증가한다. 이른 아침, 밤, 오후에 산책하면 음이온을 가장 많이 받을 수 있다. 음이온은 1년 내내 만들어지지만, 여러 연구는 특히 여름과 가을에 음이온이 많이 발생한다는 사실을 보여준다. 또, 공기가 깨끗한 곳에서는 더 오래 머무른다.

31

바닷가를 따라 걷기
Walk Beside the Sea

『모비 딕』의 작가 허먼 멜빌Herman Melville은 바다가 우리의 기분을 고양해준다는 사실, 그렇기에 치유의 힘을 지니고 있다는 사실을 직관적으로 알았다. 해양생물학자 칼럼 로버츠Callum Roberts는 멜빌의 문장을 상기시켰다. "사람들은 바다와 감정적으로 깊이 연결되어 있습니다. 바다는 우리에게 영감과 전율과 위로를 줍니다…. 바다와 우리의 관계는 생명의 기원까지 거슬러 올라갑니다. 우리는 바다의 창조물입니다."

연구원들이 데이터를 모아 많은 사람이 이미 알고 있었던 이 사실을 증명하기까지는 그로부터 5년이 더 걸렸고, 2019년에는 바다 근처에 머무르는 것이 건강에 미치는 효과에 관해 가장 자세한 조사를 담은 출판물이 발표되었다. 연구자들은 거의 2만6천 명의 데이터를 활용하여 영국 해안선 수 킬로미터 내에 거주하는 사람들은 내륙에 사는 사람들보다 정신건강이 좋고 행복을 더 느낀다고 결론지었다. 이러한 결과는 소득이 적은 가계에서 특히 두드러졌다.

뉴질랜드의 어느 보고서는 사람들이 바다를 더 오랜 시간 바라볼수록 긴장이 완화되고 평온함과 활기를 느낀다는 사실을 발견했다. 기분과 행복, 건강에 있어서 바다는 녹지와 나무를 포함해 그 어떤 것보다 영향력이 크다. 2016년 영국 엑서터대학에서 진행한 연구에서는 해안 근처에 거주하는 사람이 내륙에 거주하는 사람보다 일반적으로 더 건강하고 행복하다는 사실을 밝혔고, 바다 경관이 보이는 곳에 사는 노인이 우울감을 덜 느낀다는 아일랜드의 어느 연구 결과가 이를 뒷받침해준다.

바다의 어떤 점이 우리의 기분을 좋게 만드는 걸까? 더글러스 켄릭Douglas Kenrick 교수에 따르면 과도한 자극과 정신적인 혼란이 계속될 경우

두뇌는 가열 상태로 들어가며 우리 몸을 쇠약하게 만드는 스트레스를 만들어낸다고 한다. 두뇌에는 회복 시간, 즉 휴식을 취하고 스스로 연료를 보충할 기회가 필요하다. 켄릭 교수는 이를 자연 회복 시기라고 부른다. 이러한 두뇌 휴식을 가장 효과적으로 취할 수 있는 상황은 흥미로운 요소와 참신함이 약간 있으면서 통계적 예측 가능성이 커 우리를 몰입하게 하면서도 동시에 편안하게 해주는 환경에 노출될 때이다. 17챕터의 '강가를 따라 걷기'처럼 단조로움 없는 규칙성, 지루함 없는 익숙함이라고 생각하면 된다. 바다는 단조로움 없는 규칙성의 완벽한 예시다. 본질에서 변하지 않으면서도 거품을 만드는 파도, 거침없이 뛰어드는 물새들, 부서지는 빛으로 우리에게 마법을 건다.

다른 설명들도 있다. 녹색 갈증(biophilia, 자연과 생명을 향한 인간의 본능적인 사랑) 이론에 따르면, 우리는 물과 음식을 얻을 수 있는 장소에 가까워지면 마치 두뇌에 고대 조상들이 겪었던 배고픔과 갈증의 기억이 있는 것처럼 자동으로 편안함을 느낀다고 한다.

일부 연구자들은 생선 기름과 조개에 함유된 오메가3 지방산이 인간 두뇌 발달에 중심 역할을 한다고 믿는다. 그렇기에 우리가 바다를 고향이자 필수 영양소의 원천임을 알기라도 하는 것처럼 본능적인 지식이 우리를 바다로 끌어당기는 것이다.

바다의 특성을 조사한 연구자들은 파도와 부서지는 물소리에 큰 회복 효과가 있는 한편 물에 반사되는 빛은 두뇌를 자극하고 몰입하게 하며, 조개껍데기의 기하학적 무늬와 파도는 곤두선 신경을 누그러뜨린다고 추측했다.

하지만 해안가를 걷는 것에 최첨단 과학은 필요 없다. 19세기 전반에는 바다 치유가 유행해서 수백만 명이 해변에서 휴가를 보냈다. 문학 작품에는 바다에 관한 이야기가 가득하고, 세계 인구의 3분의 1이 해안에 거주한다. 과학은 그저 바다를 향한 우리의 생리학적 필요를 확인시켜줄 뿐이며, 시간을 내어 해변이나 절벽 산책을 하도록 상기시킨다.

환경 심리학자 루이스 엘리엇Lewis Elliott 박사에 따르면, 매주 두 번 혹은 일주일에 두 시간 정도를 바닷가에서 보내는 것이 정신 건강에 가장 좋은 영향을 미친다고 말한다.

유용한 팁

보통 비 오는 날이나 겨울에는 해안이 덜 붐빈다. 영국 왕립 조류 보호 협회RSPB에 따르면 바닷새들은 4~6월에 가장 황홀한 경관을 보여준다고 한다. 5~8월은 샘파이어(영국 해안 바위에서 자라는 허브의 일종)를 포함해 여러 해초를 채집하기 가장 좋은 시기이다. 바다 산책은 1년 내내 할 수 있으니, 안전하고 파도가 잔잔할 때를 고르자.

물에 들어가는 것도 좋다. 바다 수영이 염증, 치매 발병률, 우울감, 불안감, 감정 기복을 줄여준다는 증거가 점점 많아지고 있다. 차가운 물에서 수영하는 사람 61명을 대상으로 한 마크 하퍼Mark Harper

박사의 연구에서는 이들의 기분이 현저히 좋아졌다는 사실을 발견했는데, 박사는 이것이 염증을 줄이는 데 도움이 되었다고 믿는다.

맨발로 걸어보자. 모래 위를 걸으면 저항력이 있어 다리 근육과 코어 강화에도 도움이 된다.

32

물속에서 걷기
Walk in Water

새해가 된 지 일주일이 되던 어느 날 오후 2시 30분, 챔피언 피겨 스케이트 선수 낸시 캐리건^{Nancy Kerrigan}은 디트로이트에 있는 아이스링크에서 연습을 마쳤다. 캐리건은 며칠 뒤 열리는 1994년 미국 피겨 스케이팅 챔피언십을 준비하고 있었다. 연습을 마치고 아이스링크를 떠나려던 순간, 캐리건은 다리에 엄청난 타격을 입었다. 괴한은 유리문에 몸을 던져 캐리건에게 상처를 입힌 후 차를 타고 도주했다. 이후 조사에서 괴한은 캐리건과 라이벌 관계이던 선수의 남편이 고용한 것으로 드러났다. 곧 열릴 챔피언십에 참가하기에는 부상이 너무 컸기에 캐리건은 7주 후의 동계 올림픽에 출전하기로 했다. 너무 무리한 일정이었다. 하지만 캐리건

은 간발의 차이로 은메달을 쟁취하며 세상을 놀라게 했다. 캐리
건은 어떻게 이런 일을 이룰 수 있었을까? 바로 물속에서 훈련했
기 때문이었다.

물속에서 걸으면 중력의 영향에서 자유로워지며, 땅에서는 사
용하지 않는 근육에 힘을 길러주는 유산소운동을 할 수 있다. 수영
과는 다른 방식으로 물속에서 활기를 얻을 기회로 생각하면 된다.

물속 걷기는 뼈와 관절에 무리를 주지 않고 근육을 기르거나
열량을 태우고 싶은 사람에게 매우 좋은 운동이다. 물속에서는 우
리 몸에 부력이 작용하기 때문에 임산부, 노약자, 관절염, 골다공
증을 앓는 환자, 재활 환자에게 적합하다. 물이 우리의 무게를 감
당해주면 지상에서는 고통스럽거나 어려운 움직임을 자유롭게
할 수 있게 된다. 내 가족 중 한 명은 사고로 뼈가 몇 개나 부러졌
지만, 물속 걷기 프로그램으로 다시 건강과 근력을 되찾았다.

하지만 부상자, 노약자, 임산부만 물속 걷기로 도움을 받을 수
있는 것은 아니다. 물은 밀도가 높아서 땅에서 얻을 수 있는 것보
다 저항력이 14배나 큰데, 그러므로 근육을 만들고 근 긴장을 높
일 가장 좋은 방법이다. 한 연구는 물속에서 하는 걷기 운동이 땅
에서 걷는 것보다 심박수를 더 높인다는 사실을 발견했다. 또 다
른 연구는 건강하지 않은 여성들이 일반적으로 걸을 때보다 물속
에서 걸었을 때 혈압이 더 크게 낮아졌다는 결과를 관찰하기도
했다.

물속 걷기는 균형감각 발전에도 탁월하며, 특히 발밑에 모래와

조약돌이 있어 걷기 어려운 바다에서 특히 더 큰 효과를 얻을 수 있다. 물속 걷기는 유연성과 관절가동범위도 증진시킨다. 물의 힘이 지지해주면 우리는 넘어져도 다치지 않는다는 확신을 가지고 팔다리를 더욱 자유롭게 뻗어낼 수 있기 때문이다.

마지막으로, 물속 걷기가 다른 모든 걷기가 그렇듯 기분을 좋게 해준다는 증거도 있다. 연구는 섬유근육통을 앓는 사람들이 물속에서 걷기 운동을 한 뒤 근육 경직이 완화되고 심혈관 건강이 좋아졌을 뿐 아니라 수면의 질이 좋아지고 불안감과 불안감이 낮아지며 삶의 질까지 좋아졌다고 보고했는데, 이는 강이나 바다에서의 야외 수영을 다룬 연구 결과와 일치했다.

물이 얕을수록 중력이 커지므로 중력에서 완전히 벗어나려면 목까지 완전히 잠겨야 한다. 하지만 더 높은 강도로 운동하고 싶다면 가슴 높이보다 허벅지 높이가 좋다. 대신 가슴 높이까지 담그면 에너지를 덜 사용해도 되기 때문에 더 오래 걸을 수 있어 지구력이 강해진다. 팔을 단련하고 싶다면 가슴 높이까지 몸을 담그고 수면 밑에서 팔을 흔들며(혹은 물을 밀어내며) 걷자. 허벅지 높이를 선택해도 좋고, 두 가지를 모두 활용해도 좋다.

시작하는 방법은 어렵지 않다. 수영장에서 걷는다면 수영복과 수건만 있으면 된다. 바다나 강 속에서 걷는다면 고무 재질 물놀이용 신발이나 네오프렌 소재의 수영 양말을 준비하자. 먼저 잠시 걷다가(12~25미터) 다시 되돌아오기를 두 번 반복한다. 다음은 옆으로 걷는다. 이를 반복하며 땅에서 걸을 때처럼 팔을 앞뒤로 흔든다. 단번에 저항력이 느껴져도 계속해야 한다.

자신에게 맞는 물 깊이(걷기가 가능하고 안전한 깊이)와 보폭을 찾아보자. 걷기가 편해지면 무릎을 조금 더 위로 올리며 속도에 변화를 주자. 무릎을 올리거나, 종아리를 올리거나, 점프를 해보거나, 런지를 하며 걷거나, 춤을 추는 것도 좋다. 이 책에 나오는 방법 대부분은 물에서도 똑같이 효과적이다.

그리고 물속 걷기는 어린아이들이 물에서 노는 모습을 지켜보며 시간을 보내는 데에도 완벽한 방법이다. 해변에서 노심초사하며 아이들을 쳐다볼 필요 없이, 그저 물속에서 함께 걸으면 된다.

계속해서 복근을 사용하고, 허리를 곧게 세우고, 어깨를 펴고, 턱을 세우고, 시야는 앞을 향하며 바른 걸음걸이로 걷자. 물이 따뜻한 수영장은 피하고 물을 많이 마시자. 물에 들어가 있을 때는 갈증을 느끼지 못하는 경우(혹은 땀을 얼마나 흘리는지 모르는 경우)가 많다.

추운 계절에 바다나 강에서 걷는다면 잠수복을 입는 것도 좋다.

33

그림을 그리며 걷기
Sketch As You Walk

휴대전화로 사진을 찍을 때, 우리는 그 순간을 간직하는 걸까, 아
니면 잃어버리는 걸까? 나는 지난해에 휴대전화 속 사진 수백 개
를 들여다보다가 이 문제의 답이 후자라는 사실을 깨달았다. 사진
을 봐도 어디였는지, 또는 왜 이 사진을 찍었는지 기억나지 않을
때가 많았다. 내가 간직하려 했던 그 시간을 잃어버린 것이다.

  과거에는 걸으며, 혹은 여행하며 종종 스케치하거나 그림을 그
렸다. 이들은 곧 시들해져 휴대전화에 묻힐 사진 수천 장이 아니
라 애정을 가지고 다른 사람과 공유하고 소중히 남길 그날의 가
장 인상적인 장면을 가지고 돌아왔다. 그들이 한 장면을 오랫동안
관찰하는 모습과 내가 간편하게 찍는 사진이 전혀 다르다는 생각

이 들었다.

그래서 나는 이틀 동안 하이킹을 하면서 휴대전화로 사진을 찍지 않겠다고 스스로 약속했다. 그 대신 스케치를 해보기로 마음먹었다. 언젠가 한 친구가 피카소는 늘 스케치북, 연필, 지우개를 들고 여행했다는 말을 해준 적이 있었다. 나는 피카소도 아니고, 열네 살에 미술을 포기한 이후로 그림을 그려본 적도 없었다. 하지만 나는 그림 수업에 등록해 스케치북과 연필과 지우개를 샀다.

이틀을 걸으며 그린 내 스케치는 그다지 훌륭하지 않았다. 하지만 중요한 점은 그것이 아니었다. 그 스케치를 볼 때마다 나는 그때의 하이킹으로 돌아간다. 더 자세하게는 그림을 그리던 그 순간으로 돌아간다. 박하 냄새, 목에 닿는 햇빛, 빠르게 흐르는 물결, 그날 강기슭에 앉아있던 내게 다가와 냄새를 맡던 강아지의 금빛 털까지. 그림을 그릴 때 우리는 관찰하게 된다. 그리고 진정으로 관찰할 때 우리는 주변 환경을 완전히 다르게 받아들인다. 그 장면, 그 순간에 몰입해 즉각적으로 친밀감을 느끼며 다른 모든 것들을 생각하지 않게 된다. 우리는 어떻게든 그 완전한 감각적 경험을 선과 형태와 색으로 나타내야만 한다. 어떤 장면을 그리는 것은 우리가 완벽하게 살아있다는 사실을 상기시킨다.

그림을 그리는 행위에는 건강을 증진하는 생리학적 변화와 같은 다른 이점도 있다. 런던의 한 병원에서 환자를 위한 예술 프로그램을 도입한 뒤 직원들은 그 결과에 놀라워했다. 이들의 말에 따르면 작품을 만들어낸 환자들은 활력 징후가 더 좋아지고, 코르

티솔 수치가 낮아지고, 수면을 돕는 약물이 덜 필요하게 되는 등 치료 결과가 현저히 증진되었다.

이로부터 10년 후 이루어진 독일의 한 연구는 이를 뒷받침할 증거를 찾아낸다. 연구원들은 두뇌 정밀검사를 활용해 퇴직자로 구성된 두 그룹을 조사했다. 한 그룹은 예술작품을 바라보았고, 다른 그룹은 예술작품을 만들었다. 전후 두뇌 사진을 살펴본 결과 예술작품을 만들어낸 사람들은 그렇지 않은 사람들보다 공간 지각 능력이 더욱 좋아졌다. 하지만 연구자들이 가장 흥미를 보였던 것은 작품을 만들어낸 사람의 두뇌 특정 부분이었다. 이 부분은 내측 전전두피질로, 정신적 회복과 스트레스 저항에 있어 핵심 역할을 하는 것으로 알려져 있다. 이 연구자들은 시각 예술을 만들어내는 것은 정신적 회복력에 영향을 준다는 결론을 내렸다. 그러니 다른 여러 보고서에서 예술작품을 만들어내는 행위가 스트레스, 번아웃, 우울감, 불안감을 관리하는 데 훌륭한 방법이라는 사실을 발견한 것도 놀라운 일이 아니다.

그림 그리기는 뇌세포에도 이롭다. 노인 256명을 대상으로 이루어진 미국의 한 연구에서는 그림 그리기가 그 어떤 활동(공예, 사회 활동, 컴퓨터 게임 등)보다 두뇌를 영민하게 유지해준다는 사실을 발견했다. 연구자들은 예술 작품을 만드는 것이 새로운 신경 연결 통로를 만들어 뇌세포에 계속해서 자극을 준다고 추측했다. 이 연구에서는 중년에 그림 그리기를 시작했지만 노년까지 이를 계속한 사람들이 가장 큰 이점을 얻었다.

그림을 그리기 위해 장면과 대상을 관찰할 때 우리의 초점이 머무는 곳은 우리 자신도, 목적지도 아니게 된다. 그 순간 우리는 정상, 목적지, 점심 먹을 장소로 경쟁하듯 나아가지 않는다. 더는 우울하지도 않다. 그 대신 푸른 이끼로 덮인 나무 몸통, 저물어가는 하늘을 배경으로 서 있는 학의 실루엣, 매혹적으로 굽어진 교회의 첨탑과 같이 길을 따라가다 볼 수 있는 작은 것들에 더 집중하게 된다.

지금 나는 주기적으로 그림을 그리며 그때만 느낄 수 있는 집중력과 평온함을 즐긴다. 그림 그리기는 무언가를 더욱 자세히 보게 하고 철저히 관찰하게 해 이후에 스케치북과 연필이 없더라도 어떤 광경의 선과 색과 형태와 색조에 더욱 집중할 수 있게 된다. 바깥보다 안쪽으로 시선을 향하게 한다.

게다가 그림으로 그린 모든 장면은 기억에 선명히 새겨진다. 그러니 휴대전화를 뒤적일 필요도 없다.

자신의 그림을 평가하지 말자. 크기가 다양한 연필, 목탄, 펜, 수채화 물감 등 다양한 재료를 활용해보자. 주머니에 들어갈 만큼 작은 수채화 물감통을 가져가면 가볍고 편리하다. 온라인에서 간단한 스케치 강의를 찾아보거나 책을 참고하고, 스케치 전문가들의 작품을 보며 다양한 방법으로 그려보면 좋다.

걸으며 그림을 그리는 전문 화가들은 빗물이 그림에 섞이게 하거나, 풀이나 이삭을 활용하거나, 붓 대신 나뭇가지를 사용하거나, 흙으로 그림을 그리는 등 날씨와 풍경을 최대한 활용한다. 이런 방법을 따라 해보는 것도 좋다.

어떤 화가는 피사체나 장면을 포착할 몇 초만 들여 빠르게 스케치하기도 한다. 일종의 순간포착이며, 우리도 얼마든지 시도해볼 수 있다. 스케치는 몇 분이면 완성할 수 있고, 그 후에 얼마든지 고칠 수 있다. 나에게 충분한 시간을 주자.

34

보름달 아래에서 걷기
Walk Beneath a Full Moon

20년 전 늦은 오후, 나는 극심한 진통을 느끼며 런던의 한 병원에 도착했다. 병실을 기다리며 나는 그 병원이 평소보다 더 붐빈다는 사실을 알아차렸다. 첫째 아이도 같은 병원에서 낳았지만 이렇게까지 미친 듯이 정신없지는 않았다. 조산사는 병원에 도착해 "보름달이 떴네… 모두가 아이를 낳을 때야!"라고 말했다.

　나는 또다시 진통에 사로잡혀 그녀의 말을 잊어버렸다. 10년 후, 보름달 아래에서 산책하러 집을 나서기 전까지. 어느 날 밤, 달빛이 비치는 들판을 걷다가 문득 그날 저녁 이상하게 붐비던 산부인과 병동이 떠올랐다. 나는 집으로 돌아와 인터넷을 뒤져보았다. 그리고 얼마 지나지 않아 그때 조산사가 했던 말을 입증하는

190

연구 하나를 찾을 수 있었다. 일본 교토의 연구자들은 30년 동안 달의 주기와 신생아 1천7명의 생일을 비교했다. 이들은 보름달이 뜬 밤 출산율이 상당히 증가했다는 사실을 발견했고, 달의 중력이 출생 빈도에 영향을 미친다고 결론지었다.

보름달이 떠 있을 때는 중력이 증가하는데, 달과 태양이 지구를 함께 끌어당기기 때문이다. 이러한 현상이 밀물과 썰물을 만들어낸다는 사실은 잘 알려졌지만, 정말 내 진통에도 영향을 미쳤던 걸까? 교토에서 이루어졌던 연구처럼 이 둘 사이에 연관성을 찾으려 했던 보고서 중에는 아무런 관계를 찾지 못한 것도 있었다.

인간의 수면 패턴이라는 관점에서 나타나는 증거는 논쟁의 여지가 적다. 저널 「커런트 바이올로지」에 실린 스위스의 한 연구는 엄격하게 통제한 실험 조건을 토대로 이루어졌으며, 보름달이 뜬 밤에는 숙면하는 시간이 30%까지 떨어진다는 사실을 발견했다. 또, 다른 날보다 잠드는 데 5분 정도 더 걸리고, 20분 덜 잔다는 결과가 나오기도 했다. 해당 연구원들은 참여자들의 수면과 더불어 호르몬 수치를 측정하기 위한 타액 시험에 뇌파 검사EEG를 활용했고, 보름달이 뜨는 시기에 멜라토닌(수면 호르몬) 분비량이 떨어지고 수면의 질이 낮다는 사실을 확인했다. 이들은 "달이 지구와 가장 가까워지는 보름달 시기는 인간의 수면과 멜라토닌 수치에 상당한 영향을 준다"라고 주장했다. 그리고 최소한 세 개의 다른 연구들이 같은 결론을 도출하며 이들의 자신감은 사실로 입증되었다.

달의 주기에 영향을 받는 것은 우리의 수면뿐만이 아니다. 여러 보고서는 우리의 행동도 영향을 받는다고 말한다. '정신이 나간'이라는 뜻을 지닌 단어 'lunatic'의 어원은 라틴어 luna, 즉 달이다. 하지만 이러한 연구 결과들은 불규칙하고 일관성이 없었다. 2019년 핀란드에서 일어난 살인을 조사한 어느 보고서는 살인 시기를 달과 연관 지으며 기울어가는 보름달이 뜨는 시기에는 살인이 15%까지 감소한다고 주장했다. 하지만 플로리다에서는 살인이나 가중 폭행과 같은 중범죄가 초승달과 보름달이 뜰 무렵에 집중적으로 일어난다는 사뭇 다른 주장이 있었다. 플로리다의 보고서는 이러한 시기에 정신 질환과 관련된 응급상황이 현저히 줄어든다고 언급했다. 다른 여러 연구는 보름달이 뜨는 시기에 오토바이 사고가 더 자주 일어난다는 사실을 발견하기도 하고, 여성의 자살 사건이 증가한다는 결과가 나오기도 했다. 반면, 독일에서 진행된 한 연구는 달의 주기와 경찰 기록을 대조한 결과 살인, 폭행, 자살과 보름달 사이에 그 어떤 연관성도 찾지 못했다고 밝혔다.

우리의 행동과 보름달 사이의 연결성에 관해서는 더 깊게 조사해보아야 한다. 동물을 대상으로 진행한 여러 연구는 달빛의 영향으로 행동이 바뀔 수 있고, 실제로 그렇다는 사실을 보여준다. 오늘날에는 많은 생물체의 내면에서 달의 주기가 만들어내는 리듬이 작용하며, 달과 조수의 리듬이 이들의 체내 시계와 함께 움직인다는 사실이 받아들여진다. 어떤 바다 생물들은 그날 밤 달빛의 강도에 따라 바다 밑에서 머무는 장소를 바꾼다. 달의 주기를 매우 정확하게 따르며 살아가는 갈라파고스의 이구아나들은 그렇지 않은 이구아나보다 더 오래 산다. 몇몇 보고서는 유럽 오소리와 가축으로 기르는 소들의 출생 패턴과 보름달을 연관 짓기도 한다.

물론 이 모든 것이 우연일 수도 있다. 하지만 달에 관한 미스터리의 가능성을 부정하는 의견들은 왜 지금까지 제대로 설명되지 않은 걸까? 실제로 많은 과학자는 달 효과가 실제로 존재한다고 확신한다. 아직 그 비밀이 제대로 풀리지 않았을 뿐이다. 게다가 수많은 연구에서 발견한 의아하고 설명하기 어려운 결과들은 달빛 산책에 힘을 싣는다. 맑은 하늘에 뜬 보름달 빛을 받은 풍경은 완전히 달라 보인다. 이러한 광경을 보면 우리도 달의 주기에 맞춰 바뀔지 모른다는 말이 그렇게 터무니없지 않을 것 같다는 생각이 든다.

보름달이 내뿜는 빛이 반달보다 두 배 밝은 것은 아니다. 사실은 열 배나 밝아서 별을 보기에는 밤하늘이 너무 밝아지지만, 숲길을 따라가거나 야행성 야생동물을 보며 먼 거리를 걷기에는 더할 나위 없이 좋다.

슈퍼 문이 뜰 때 밤 산책을 하면 더욱 인상적인 모습을 볼 수 있는데, 슈퍼 문은 1년 중 가장 크고 밝으며 지구에 가장 가까이 다가오는 꽉 찬 달이다. 슈퍼 문이 뜨는 날짜는 표준시간대에 따라 다르므로 인터넷을 참고하고 달이 잘 보이는 장소로 친구들을 부르자. 그리고 날씨가 좋기를 기도하자.

슈퍼 문이 특별히 밝기는 하지만, 나는 9월 추수 시기에 뜨는 달인 수확월harvest moon을 가장 좋아한다. 이 시기에 달은 해가 질 무렵 초저녁에 떠올라 수평선 바로 위에 매달려 있다가 점점 크기와 빛을 더해가다 마침내 보름달이 된다. 이때의 달은 이 세계 같지 않은 오렌지빛을 내는 것으로 잘 알려져 있기도 하다. 9월의 수확월이 여린 호박빛을 띠는 이유는 우리가 지구의 대기층 중 더 밀도 높은 곳을 통해 달을 바라보기 때문이다. 추수 시기에 뜨는 달은 위도가 높은 곳과 낮은 곳 모두에서 며칠 동안 인상적인 크기, 모양, 위치를 유지하기 때문에 달이 언제까지 떠 있을지 설렘을 느끼며 산책할 수 있다.

초승달이 뜨는 밤은 빛이 적어 특히 별을 관찰하기 좋다. 이런 밤에는 보름달의 눈부신 빛을 볼 수는 없지만, 초승달의 우아하고 섬세한 아름다움을 관찰할 수 있다.

유용한 팁

인터넷을 참고해 보름달, 슈퍼 문, 수확월이 뜨는 정확한 날짜를 찾아보고, 이들의 위치가 매년, 또는 우리가 사는 지역에 따라서 달라진다는 사실을 기억하자. 메모해두는 것도 좋다.

헤드 랜턴 없이 숲길을 걸어보거나, 바다에 부서지는 달빛을 보며 해변을 걸으면 놀랍고 경이로운 광경을 볼 수 있을 것이다. 보이지 않는 곳 없이(예를 들면 그늘진 언덕 내리막길) 전부 빛이 들어오는 산책로를 선택해 걸어봐도 좋다.

봄에 보름달이 뜰 때는 바다에 있는 바위 사이 웅덩이를 산책하기에 가장 좋다. 조수가 가장 낮고 가장 멀리까지 빠지는 시기이기 때문에 바위 사이 웅덩이에 사는 생물들이 활기를 띠고, UV 램프를 비추면 형광으로 빛난다. 겨울에 뜨는 차가운 보름달도 잊지 말자. 얼음 결정 가득한 구름에 둘러싸인 보름달보다 우아하고 신비로운 광경은 없다.

나는 그런 밤에 어떤 느낌을 받는지 주의를 기울여보자. 더 사나워지는가? 위험을 덜 피하게 되는가? 잠이 덜 오는가? 아니면 평소와 똑같은가? 언젠가 과학이 그 비밀을 밝혀줄 것이다.

35

유목민처럼 걷기
Walk Like a Nomad

1980년 에두아르 스티글레르douard Stiegler라는 어느 프랑스 연구원은 카불에서 일하던 중 아프가니스탄 유목민들이 걸어서 지역 가축 시장까지 찾아오는 모습을 보았다. 이들의 빛나는 눈빛과 생기 넘치는 태도에 깊은 인상을 받은 스티글레르는 이들에게 어디서 왔는지 물었다. 유목민들은 자신들이 이날 막 도착했으며, 사막과 산을 넘어 7백 킬로미터를 걸어왔다고 대답했다. 스티글레르를 놀라게 한 것은 이들의 속도로, 이들은 단 12일 만에 7백 킬로미터를 걸었다. 스티글레르는 전혀 피곤한 기색이 없는 이들이 어떻게 하루에 60킬로미터를 걸었는지 관찰했다. 그가 추론한 답은 이들이 사용하는 호흡 기반 걷기였다. 이 유목민들은 자신의 호흡

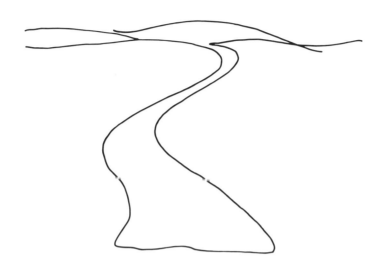

을 걸음(적절한 속도로 가볍게 걷는)과 맞추는 의식적인 걷기 기술을 연습했던 것이다.

유목민들에게 영감을 받은 스티글레르는 프랑스로 돌아와 '아프가니스탄 사람들의 걷기'라고 이름 붙인 하이킹 기술을 만들어 냈다. 그리고 1년 뒤 자신의 첫 책『아프가니스탄 사람들의 걷기를 통한 재생 Régénération par la marche afghane』을 출간했다. 오늘날 아프가니스탄 사람들의 걷기 방법은 '호흡 의식 하이킹' 혹은 '요가 하이킹'이라고 불리며, 특히 지구력이 필요한 하이킹에 효과적이다.

나는 높은 곳에서 하이킹할 때나 장거리 도보 여행을 할 때 이 방법을 사용하곤 한다. 하지만 런던의 집 근처를 산책할 때에도 머릿속에 있는 잡다한 생각을 비우고 싶을 때나 내면의 평화가 필요할 때 이 걷기 방법을 활용한다. 아프가니스탄 사람들의 걷기는 리듬과 호흡에 깊게 몰입하기 때문에 명상과 비슷해서 스트레스나 불안감을 떨쳐버릴 수 있는 좋은 방법이다.

아프가니스탄 사람들의 걷기는 단순하다. 효율적으로 호흡하면 우리 몸에 산소가 적절하게 공급되고, 그래서 지치지 않고 먼 거리를 걸을 수 있다. 많은 사람이 운동할 때 제대로 호흡하지 않고 입으로만 공기를 들이마시며 들숨(코로 완전히 들이마시는)을 걸음에 맞추지 않는다. 호흡의 리듬에 맞춰서 걷거나 걸음의 리듬에 맞춰서 숨 쉬면 우리는 느리고 길게 호흡하게 된다. 이러한 호흡과 좋은 자세가 만나면 힘든 오르막길과 장거리 도보 여행도 덜 힘들게 느껴진다.

아프가니스탄 사람들의 걷기는 복잡하지 않지만, 약간의 연습이 필요하다. 완전히 코로만, 발걸음에 맞춰서 호흡하는 것 이외에 지켜야 할 규칙은 없다. 기본이 갖춰진 다음에는 우리의 발걸음, 걷는 장소, 건강 상태에 맞는 박자를 찾아가자. 스티글레르는 오르막길이나 내리막길을 걸을 때, 빠르거나 느리게 걸을 때, 해수면 혹은 높은 고도에서 걸을 때, 건강 상태에 맞춰 들숨과 날숨을 조절하라고 권유한다.

그렇다면 어떻게 시작해야 할까? 스티글레르는 한 걸음 당 한 번씩 세 번 숨을 들이마시는 것을 권장한다. 네 번째 걸음에는 숨을 참는다. 그리고 다음 세 걸음은 다시 코로 숨을 내뱉는다. 그다음 한 걸음에는 숨을 들이쉬지도 내쉬지도 않은 채 폐를 비운다. 총 여덟 걸음에 들숨 한 번(세 걸음), 날숨 한 번(세 걸음), 숨 참기

두 번이다. 이 3-1:3-1 패턴이 아프가니스탄 사람들의 걷기를 배울 때의 기본이다.

오르막길을 걸을 때는 호흡을 조절해야 한다. 나는 언덕을 오를 때 두 걸음에 들숨 한 번, 두 걸음에 날숨 한 번, 중간에 숨은 참지 않는 2:2 패턴을 활용한다. 발걸음과 호흡을 맞추는 것에 주의하며 자신의 보폭, 속도, 지형에 맞는 리듬을 찾자. 일단 익숙해지면 이 걷기 방법은 놀라울 정도로 해방감을 준다. 자신의 숨이 만드는 리듬에 맞춰 걷다 보면 수평선 너머까지 언제까지고 걸을 수 있을 것 같은 느낌이 들곤 한다.

스티글레르는 출간 후 얼마 지나지 않아 숨을 거두었고, 이 걷기 기술이 수면의 질, 면역력, 심혈관계 건강을 증진해준다는 주장은 그가 죽기 전까지 인정받지 못했다. 하지만 최근 캘리포니아대학 연구원들이 이 의식적인 움직임이 "삶의 질, 기분, 인지 기능에 미치는 영향에 관련하여 일반적인 신체 운동보다 뛰어날 수 있다"고 기록하며 그의 주장은 점차 입증되고 있다.

제임스 네스터는 자신의 저서 『호흡의 기술』에서 스티글레르가 만들어낸 아프가니스탄 사람들의 걷기와 같이 적절한 호흡과 혈압 강하, 면역력 증진, 골밀도 강화, 수면의 질 증진을 연관시키는 여러 연구를 인용하기도 했다.

강제로 호흡하면 안 된다. 너무 억지로 맞추거나 빠르지 않게 꾸준하게 천천히 호흡하며 발걸음과 맞춰보자. 호흡하며 걷기에 대해 더 알고 싶다면, 5챕터의 내용을 참고하자.

곧은 자세와 걸음걸이를 유지해 숨이 너무 얕아지지 않도록 하자. 오르막길을 오를 때가 아니라면 들숨은 횡격막까지 닿아야 한다.

스티글레르의 두 번째 저서 『걷고, 호흡하고, 살아가라Marcher, respirer, vivre』에는 우리 대부분에게 가장 잘 맞는 6:6 패턴과 더불어 지형, 나이, 건강 상태에 맞는 호흡과 걷기 방법이 소개되어 있다.

36

배낭을 메고 걷기
Walk With a Pack

1886년 미국 작가 앨리스 브라운^{Alice} Brown은 배낭 하나를 메고 걸어서 영국을 여행했다. 브라운은 짐을 등에 지고 걷는 것(영국 빅토리아 시대에 교육을 받은 여성에게 흔한 일은 아니었다)이 이러한 발견을 위한 자신의 여정에 가장 중요한 요소였다고 생각했으며, "등에 진 가방은 짐이 아니라 선물처럼 느껴졌다"고 설명했다. 브라운은 92세까지 살았으며, 이 또한 1856년에 태어난 여성에게는 드문 일이었다.

그 이후로 빌 브라이슨부터 셰릴 스트레이드까지 유명한 작가들을 포함해 수백만 명이 최소한의 짐을 들고 떠나는 백패킹의 즐거움을 알게 되었다. 배낭을 챙기고 한 걸음 한 걸음 걷다 보면 무언가 설명하기 힘든 무한한 자유로움이 느껴진다. 장거리 도보 여행을 하며 느낀 독립성, 자유, 자율성은 그 어떤 것과도 비교할 수 없으며, 우리는 이러한 여행을 통해 마침내 일상 속 걱정과 책임에서 벗어난다. 이 세상은 황홀한 풍경과 신나는 길로 가득한 곳이며, 이렇게 사람의 발길이 잘 닿지 않는 곳에 가려면 배낭이 꼭 필요하다.

백패킹을 하면 지구력과 체력이라는 선물이 딸려온다. 배낭을 메고 하이킹하면 취미로 하는 걷기가 지구력이 필요한 운동으로 변한다. 군대에서 배낭을 메고 빠르게 걷는 훈련에는 '군장 행군'이라는 이름이 따로 붙는다. 군장 행군은 조깅보다 무릎에 부담을 덜 주며, 「영국 스포츠 의학 저널」에 실린 한 연구에 따르면 부상률이 높지도 않다고 한다. 또, 엉덩이 근육을 강화해주고 자세도 안정적으로 잡아주어 다른 운동을 할 때도 부상을 덜 입을 수 있게 해준다.

게다가 백패킹은 매우 훌륭한 유산소운동이기도 하다. 몇몇 연구는 배낭을 메고 걷는 운동이 뛰는 것과 비슷한 정도로(더 많이는 아니지만) 열량을 태운다는 사실을 보여주었다. 배낭을 메면 걷는 시간 동안 우리 자신의 신체와 짐을 안정적으로 유지해야 하므로 근육이 더 열심히 일하게 된다. 그리고 이런 움직임은 심장의 형태를 바꾸고 더 커지게 한다. 지구력 운동을 하는 사람들을 대상으로 실시한 검사에서는 이들의 심장 형태가 다른 사람과 다르다는 사실을 발견했다. 이들의 심장은 더 길고, 크고, 좌심실이 더 유연해 혈액을 더욱 수월하고 효율적으로 내보낼 수 있다. 반면, 앉아있는 시간이 많은 사람이나 단기간에 폭발적인 에너지를 소비하며 운동하는 사람들은 심장이 더 작고 단단해 심장병이나 고혈압을 앓을 위험이 크다. 지구력이 필요한 운동을 하는 사람들은 대개 신진대사가 더 좋은데, 이는 신체에 저장하는 지방과 이를 태우는 에너지가 완벽하게 균형을 이룬다는 것을 의미한다.

다니엘 리버만 교수에 따르면, 인류는 짐을 들고 오래 걸을 수 있는 존재로 진화했다고 한다. 리버만 교수는 유목민 부족들은 일상적으로 자기 몸무게의 30% 정도의 짐을 들고 나른다는 점을 지적했다. 리버만은 우리의 신체는 지구력을 잘 발휘할 수 있게 되어 있으며, 그 이유는 우리 몸에 5백만~1천만 개의 땀샘이 있는 데다 길고 탄력 있는 다리를 가졌고 힘줄에도 신축성이 있기 때문이라고 설명한다. 우리는 걷고 또 걸을 수 있도록 진화했다. 아이를 업고, 식량으로 쓸 동물을 들어 나르고, 물과 장작을 나르도록. 아마 이것이 백패킹을 하면 기묘할 정도로 무언가 들어맞는 듯한 기분이 드는 이유일 것이다.

배낭을 메고 걸으면 척추부터 엉덩이를 따라 다리 뒤쪽으로 이어지는 근육이자 후면 사슬이라고 불리는 부분을 강화할 수 있다. 이렇게 얽혀 있는 후면 사슬 근육들은 앉아있는 시간이 많은 생활습관 때문에 약해지고 있지만, 굽히고, 위로 뛰고, 일어서고, 곧은 자세를 유지하는 데 매우 중요한 역할을 한다. 무거운 물건을 등에 지고 걸으면 가슴이 펴지고(더 쉽고 효율적으로 호흡할 수 있게 된다), 코어 근육이 활성화되고, 후면 사슬 근육들이 열심히 움직이게 된다.

관련한 초기의 연구는 무거운 짐을 지고 걷는 것이 사고 능력을 증진하고 심지어 회복시킨다는 사실을 보여주었다. 한 실험에서는 쥐에게 작은 가방을 메고 사다리를 올라가게 한 뒤 이들의 두뇌에 새로운 효소와 뉴런들이 풍부해졌다는 사실을 발견했고, 심지어 가벼운 치매 증상을 보이던 설치류도 인지 능력이 효과적으로 회복되는 모습이 관찰되었다.

만족스러운 백패킹을 하려면 계획과 준비가 조금은 필요하다. 규칙적으로 걷기 운동을 해서 근력과 지구력을 키워야 한다. 매주 장을 보러 갈 때 차는 집에 두고 배낭을 메고 걸어가면 더 좋다. 등 근력을 기르는 운동도 도움이 된다. 군 건강 코치 스튜 스미스Stew Smith는 손에 아령을 들고 데드리프트, 스쿼트, 런지를 하며 백패킹을 준비하라고 권한다. 장거리 도보 여행을 가기 전에 하루 혹은 주말 동안 하는 하이킹을 먼저 해보면서 우리 몸이 점차 무거운 배낭에 적응할 수 있도록 하자.

장거리 하이킹을 계획하며 의욕을 북돋기 위해 관련 사진을 벽에 붙여두거나 바탕화면으로 만들어두자. 지난 10년 동안 수많은 산책로가 새로 조성되었고 오래된 산책로 수백 개가 복구되었다. 걷기와 관련된 앱도 수없이 많아 산책로를 만들어내거나 공유하기도 쉬우며, 이전에 걸었던 사람들의 발자취를 따라 가볼 수도 있다.

배낭을 메고 집을 나서기에 지금보다 더 좋은 시기는 없다. 게다가 이러한 걷기 운동은 나이에 상관없이 모든 여성에게 아주 좋다. 리사 모스코니Lisa Mosconi 박사는 "저강도나 중간 강도 운동은 특히 꾸준히 이어갈 때 여성의 신진대사를 최적화된 상태로 만들어준다"라고 설명했다.

유용한 팁

자신에게 잘 맞는 배낭을 찾는 것도 중요하다. 등이 닿는 쪽에 패드가 있어야 하고, 엉덩이 벨트와 어깨끈에도 패드가 있어야 한다. 등과 어깨로 가는 무게를 상체 전체로 분산시킬 수 있도록 엉덩이 벨트와 가슴 벨트는 항상 착용해야 한다. 벨트를 불편하지 않을 정도로 꽉 조여서 배낭이 몸에 꼭 맞을 수 있게 하자. 배낭이 엉덩이에 자꾸 부딪힌다면 위치가 너무 낮은 것이고, 머리 위쪽으로 올라오면 너무 높은 것이다.

짐을 챙길 때는 무거운 물건을 등 가까운 곳(척추에 가깝게)에 두고, 가벼운 물건일수록 바깥쪽에 두자. 리버만 교수는 무거운 물건을 위쪽에 두고 앞으로 살짝 기울게 해 배낭을 들고 내릴 때 에너지를 아끼라고 제안한다. 배낭을 들어 올릴 때는 무릎을 굽히고, 절대 끈 하나만 잡고 들지 않도록 하자.

속도는 너무 빨라도, 너무 느려도 안 된다. 너무 빠르면 쉽게 지치거나 다칠 수 있고 느리면 가방 무게 때문에 어깨가 아플 수 있다. 꼭 자주 신어본 편한 신발을 신어야 한다. 등산 스틱을 들고 하이킹하면 상체를 더 움직이게 된다. 영국 노르딕 워킹(양손으로 스틱을 사용하며 걷는 스포츠) 설립자 마틴 크리스티Martin Christie에 따르면 스틱을 사용할 경우 우리 몸의 근육 90%를 사용하게 된다고 한다. 등산 스틱은 균형을 잡는 데 도움을 주며, 이는 큰 배낭을 메고 걸어야 해서 불안정할 수 있는 백패킹에 특히 중요하다. 보폭을 작게 하는 것도 균형 잡는 데 도움이 되니, 내리막길이나 고르지 않은 지형을 걸을 때는 보폭을 줄이자.

군장 행군 전문가 리암 오켈리Liam O'Kelly 대위는 행군을 할 때 몸에 열을 올리는 것, 식히는 것, 스트레칭이 매우 중요하다고 말한다. 걷기로 몸에 열이 올라왔을 때 스트레칭을 해주면 유연성도 좋아진다. 수분 공급에도 유의해야 한다. 걷기 전, 걷는 중, 걸은 후에 물을 마셔주어야 한다.

친구와 함께 걷자. 여러 연구는 친구와 함께 걸을 때 먼 거리도 짧게 느껴진다는 사실을 보여준다. 하지만 혼자 걸어도 좋다. 친구와 함께한다고 상상하는 것만으로도 같은 효과를 볼 수 있다는 연구 결과도 있다.

37

채집하며 걷기
Take a Foraging Walk

1943년 9월, 영국 작가 페이션스 그레이 Patience Gray는 아이들과 함께 서섹스 삼림 깊은 곳의 오두막에 살고 있었다. 가장 가까운 가게도 약 6킬로미터나 떨어져 있었는데, 그레이의 가족은 일주일에 두 번 이 길을 걸었다. 그레이는 이 길을 걸으며 버섯을 채집해집으로 돌아와 종류를 확인한 뒤 요리해 먹으며 채집을 향한 끝없는 열망에 불을 붙이게 되었다. 그레이는 평생 자연에서 식량을 찾아다녔으며, 잘 알려졌듯 프랑스, 스페인, 그리스, 이탈리아에서 며칠씩 돌아다니며 먹을 수 있는 식물을 채취했다. 그리고 그경험이『잡초에서 나온 꿀Honey from a Weed』이라는 고전으로 완성되었다.

채집하며 걷기는 그 어떤 걷기보다 우리를 자연에 몰입하게 한다. 우리는 블랙베리 덤불의 가시 돋친 심장에서, 코끝을 스치는 딸기 냄새에서, 피부에 묻은 과즙 얼룩에서, 귓가에 울리는 새들의 소리에서 자기 자신을 발견한다. 가장 본능적이고 맛있는 자연을 마주하는 것이다.

또한 채집하며 걷기는 친구, 가족, 아이들과 열매나 식물을 채취하며(종종 먹기도 하며) 몇 시간씩 거닐 좋은 기회이기도 하다. 특히 아이들은 본능적으로 채집에 친밀감과 매력을 느낀다. 그레이는 채집에 관한 지식의 많은 부분을 잡초들을 들여다보며 이리저리 돌아다니는 아이들에게서 얻었다고 한다. 그레이는 최고의 잡초 지식을 아버지의 포도밭에 자라는 모든 잡초를 요리할 줄 알고 먹어보기도 한 일곱 살 소녀에게 배웠다.

탄자니아의 수렵채집인을 연구하던 인류학자들은 5세 이상 아이들이 특히 과일, 새, 뿌리식물, 꿀, 작은 야생동물을 더 빠르게 발견한다는 사실을 알아냈다. 열두 살인 내 딸은 냄새로 야생 트러플을 너무 잘 찾아내서 트러플을 찾도록 훈련받은 사냥개의 일자리를 위협할 정도다. 그러니 진화심리학자들이 수렵과 채집을 향한 열망이 우리 몸 깊숙한 곳에 흐르며 DNA 어딘가에 새겨져 있다고 믿는 것도 놀랍지 않다.

우리가 어디에 사는가에 따라서 무엇을 얻을 수 있는지도 달라진다. 그레이는 그리스의 섬 낙소스에서 야생 치커리, 꽃상추, 밀크시슬, 메리골드를 찾아냈다. 이탈리아에서는 야생 아스파라거스와 야생 비트를 찾았다. 영국에서는 주름버섯, 쐐기풀, 소렐을 찾았다. 우리 가족은 웨일스 바닷가에서 게, 주머니버섯, 블랙베리를 채집하곤 했다. 지난 20년 동안 나는 걸으며 빌베리, 야생 라즈베리, 클라우드베리(노르웨이), 호두(아일랜드), 트러플(서섹스), 밤(런던), 로즈힙, 민들레 잎, 곰마늘, 엘더플라워, 쐐기풀, 워터민트, 블랙베리(거의 어디에나 있다)를 채집했다.

신선한 데다 무료로 채집한 식량으로 두 손 무겁게 집으로 들어오는 것보다 만족스러운 일은 없을 것이다. 게다가 그 식량들이 '슈퍼푸드'라고 불리며 비타민, 무기질, 식물성 영양소가 풍부하다는 사실을 알게 되면 더욱 기쁘다.

최근 출간된 「에브리데이 헬스」와 더불어 미국국립보건원NIH이 이전에 발표했던 슈퍼푸드 열한 개에는 야생에서 쉽게 찾을 수 있는 베리류, 해산물, 마늘, 버섯, 잎채소, 견과류, 씨앗류 일곱 개가 포함되어 있다.

쉽게 볼 수 있는 블랙베리에는 항산화 물질과 비타민C, A, K가 풍부하다. 쥐에게 블랙베리를 먹인 후 관찰한 어느 연구에서는 균형감각과 신체 조정력 증진뿐 아니라 단기기억이 현저하게 향상되었다는 사실을 발견했다. 버섯의 뛰어난 효능은 이미 잘 알려졌으며, 버섯을 의료 목적으로 사용하는 분야인 마이코테라피 mycotherapy에서는 버섯을 유방암 치료제로 활용할 방법을 연구하고 있다. 민들레 잎에는 철분, 칼슘, 포타슘, 마그네슘과 더불어 다양한 비타민(A, C, K, E, B)이 함유되어 있다. 여러 연구에서는 쐐기풀 이파리에 염증 수치, 혈당, 혈압을 낮추는 성분이 있다는 결과가 나왔다. 어느 연구 결과에 따르면 곰마늘 잎이 혈압을 낮추는 데 특히 효과가 좋다고 하지만, 모든 마늘이 그렇듯 항진균, 항균, 식물성 영양소 또한 풍부하다. 견과류와 씨앗류는 훌륭한 단백질, 항산화 물질, 식이섬유 공급원이며, 미국 로마린다대학에서 진행한 최근 연구에서는 매일 한 줌씩 견과류를 섭취하면 콜레스테롤 수치를 상당히 낮출 수 있다는 결과가 나왔다.

나는 주로 봄이나 가을에 채집하며 걷기를 한다. 봄에는 주로 민들레 잎과 쐐기풀 잎(4월), 곰마늘과 엘더플라워(5~6월)을 채취한다. 가을에는 꽃사과, 블랙베리, 야생 자두, 로즈힙, 댐슨 자두(8~9월), 트러플, 버섯, 견과류(9~10월)를 채취한다. 자신이 사는 지역을 기반으로 가족과 친구들이 어떤 음식을 먹고, 마시고, 절여서 보관하고, 요리하기 좋아하는지에 따라 나만의 채집 달력을 만들어봐도 좋다.

괜찮은 채집 가이드는 꼭 있어야 한다. 투자라고 생각하고 마련하자. 페이션스 그레이는 로저 필립스Roger Phillips의 저서 『와일드 푸드Wild Food』를 좋아했다. 나는 버섯을 찾아볼 때 제프 댄Geoff Dann의 『먹어도 되는 버섯Edible Mushrooms』을 활용한다. 이 책들 대부분에는 안전하게 채집한 재료들을 페스토, 절임, 리큐르, 샐러드, 시럽으로 만드는 다양한 레시피가 소개되어 있다.

확신이 없으면 절대 먹어서는 안 된다. 자신이 사는 지역에 어떤 식용 식물이 있는지 알기 위해 가이드와 함께 채집 체험을 해보는 것도 좋은 방법이다.

필요한 만큼만 채집하고, 보호 식물은 채취하지 말고, 사유지는 피해야 한다. 영국의 관련 법률은 매우 분명하다. 상업 목적이 아닌 개인 용도로 사용할 때만 야생 식물을 채취할 수 있다. 채취 전 지역의 웹사이트를 한 번 더 확인하자. 하수구 주변, 오염된 지역, 개를 키우는 곳, 살충제를 사용하는 곳에서는 채집하지 말자. 또한, 채집한 식물은 깨끗이 씻어야 한다. 채집한 식량을 담을 용기를 다양하게 준비하면 좋다.

영국 어느 대학 연구원들은 15분 정도 걸으면 초콜릿 같은 간식을 먹고 싶은 욕구가 억제된다고 말한다. 하지만 간식이 블랙베리라면 조금 먹는다고 해서 걱정할 일이 뭐가 있겠는가?

38

경사진 언덕을 따라 걷기
Climb Hills

1336년 4월 어느 따뜻한 날, 이탈리아 시인 페트라르카Petrarch는 남프랑스 몽 방투 산을 향해 떠났다. 함께 간 페트라르카의 남동생은 망설임 없이 곧장 정상으로 향하는 길을 선택했다. 하지만 가파른 오르막을 피하고 싶었던 페트라르카는 모호한 우회로를 찾아다녔다. 그런데 페트라르카가 선택했던 길은 오르막보다 내리막이 많았고, 결국 더 많이 걷고 더 힘들어지기만 했다. 동생이 정상에서 쉬고 있는 동안, 페트라르카는 고된 오르막길을 피하려 한 자기를 탓하며 산행을 계속해야만 했다.

그로부터 6백여 년 후, 작가 난 셰퍼드는 힘든 오르막길을 좋아한다고 말했다. 그녀에게는 오르막길을 오르는 고됨이 가장 중

요한 부분이었다. 셰퍼드는 언덕에서 느끼는 그 황홀함이 긴 오르막을 꾸준한 리듬으로 오르는 움직임에서 온다는 사실을 깨달았다.

과학적 증거는 셰퍼드의 말을 뒷받침해준다. 아무리 느리게 걷더라도 오르막을 걸으면 뛰는 것만큼이나 강렬하게 움직여야 한다. 이에 따라 심박수가 증가하고, 열량을 태우게 되며, '러너스 하이runner's high'라고 불리는 엔도르핀 도취 현상을 경험하기도 한다. 하지만 뛰는 것과 달리 오르막을 걷는 것은 관절에 무리를 주지도 않고 풍경 감상을 방해하지도 않는다.

언덕을 걸으면 평평한 땅을 걸을 때와는 다른 근육이 활성화된다. 경사를 오를 때는 복근, 고관절, 둔부, 후면 근육이 움직이며 골격을 안정화시킨다. 이는 우리가 경사를 오를 때 위로 향하기 위해 몸을 앞으로 기울이기 때문이다. 저널 「게이트&포스처」에 실린 한 보고서에 따르면 오르막을 걸을 때 둔근, 허벅지 뒤 근육, 종아리 근육에 힘이 더 많이 들어간다고 한다. 실제로 오르막을 걸을 때 우리는 하체에 있는 모든 근육을 활용한다. 그리고 오르막이 가파를수록 몸을 꼿꼿하게 세우기 위해 복근과 후면 근육을 더 격렬하게 사용하게 된다.

양팔을 앞뒤로 흔들면 몸통이 살짝 비틀어지는데, 이는 옆구리 근육(복사근)이 움직인다는 의미다. 이렇듯 골격의 균형을 잡고 안정화하는 움직임이 발생한다는 것은 언덕 걷기가 코어 운동에 아주 효과적이라는 뜻이며, 지형이 다양하면 걸음을 디딜 때마다 우리 몸이 반드시 균형을 다시 잡아야 하기 때문에 특히 운동 효과가 좋다. 언덕 걷기는 그 어떤 걷기 운동보다 우리의 뛰는 심장을 가까이 느낄 수 있게 해준다.

오르막과 내리막을 걸을 때 각각 다른 근육을 사용하고 우리 몸에 미치는 영향도 다르다. 오르막을 걸을 때는 근육이 짧아진다(단축성 수축). 반면 내리막을 걸을 때는 우리 몸이 중력에 저항하게 되므로 근육이 늘어난다(신장성 수축). 오스트리아 포어아를베르크 연구소의 과학자들이 각각 오르막과 내리막을 걸은 사람들의 혈당, 콜레스테롤, 트라이글리세라이드(동맥 경화의 원인이 되는 혈중 지방 성분) 수치를 비교한 결과 두 그룹 모두 LDL(나쁜 콜레스

214

테롤) 수치가 줄어들었지만, 오르막을 걸은 사람에게서만 트라이글리세라이드 수치 감소가 나타났다. 하지만 연구원들이 가장 놀라워했던 예상치 못한 결과가 있었는데, 포도당 내성 증진과 혈당 감소에는 내리막 걷기가 두 배나 효과적이라는 사실이었다. 연구원들은 당뇨 환자나 운동을 시작하는 노인에게 내리막 걷기가 매우 훌륭한 운동이라고 결론을 내렸다. 이런 증상이 없는 사람에게는 오르막과 내리막 걷기가 모두 좋다.

언덕 걷기를 꼭 해야 하는 이유는 또 있다. 최근 한 연구는 일반적인 속도와 빠른 속도로 번갈아 가며 걷는 사람들이 더 효율적으로 걷기 운동을 한다는 사실을 발견했다. 같은 속도로 걷더라도 젊은 사람보다 나이든 사람에게 더 많은 산소가 필요하므로 점차 비효율적으로 걷게 되고, 결과적으로 더 쉽게 지친다. 하지만 저스터스 오르테가Justus Ortega 교수가 진행한 연구에서는 나이든 사람 중 효율적으로 걷는 사람은 일주일에 한두 번 정도 일반적인 걷기 외에 조금 더 강도 높은 운동(뛰기, 자전거 타기, 언덕 걷기 등)을 추가한다는 사실을 발견했다. 오르테가 교수는 「뉴욕타임스」와의 인터뷰에서 강도 높은 운동을 하면 일반 걷기 운동에서는 얻을 수 없는 방식으로 건강과 미토콘드리아 기능을 증진할 수 있다고 말했다. 미토콘드리아가 건강할수록 우리는 더 효율적으로 움직이며, 걸을 때도 덜 지치게 된다. 언덕을 걸을 때는 힘든 오르막과 내리막, 평지를 모두 걸어야 하므로 여러 움직임이 혼합된 운동의 정점이라고 할 수 있다.

물론 언덕을 걸으며 느낄 수 있는 즐거움은 이외에도 많다. 어떤 사람들은 높은 고도의 희박한 공기를 즐긴다. 난 셰퍼드도 그중 한 명이며, 공기가 희박할수록 자기 자신이 더 가볍게 느껴지고 걸을 때 힘이 덜 들어 더 활기를 느낀다고 말한다. 높은 고도에서는 파노라마처럼 펼쳐지는 풍경을 감상할 수도 있다. 또, 언덕은 고요함, 자연의 향기, 고독을 선사한다. 하지만 무엇보다 언덕을 오르다 보면 신체적 성취에 관한 깊은 만족감이 느껴진다. 말 그대로 세상 꼭대기에 서 있기 때문이다. 산악인 마리 머메리Mary Mummery는 1887년 뇌우 속에서 등반이 어렵기로 유명한 알프스 테슈호른 정상에 오른 뒤 이러한 감정을 완벽하게 설명했다. "사실 시간을 많이 지체했다. 추웠고, 배고팠고, 피곤했다. 무릎까지 눈에 파묻혔다. 하지만 그 순간 정상은 우리의 것이었고 그런 사소한 것들은 전혀 신경 쓰이지 않았다."

---------------------------------(유용한 팁)---------------------------------

등산 스틱을 활용하자. 스틱을 활용하면 전신운동과 더불어 팔과 어깨운동을 할 수 있으며 오르막을 오를 때 피로함을 완화하고 내리막길에서는 무릎과 골반 관절에 가해지는 무게를 줄여준다. 오르막길에서는 스틱을 짧게 잡고 내리막길에서는 길게 잡는 것이 좋다.

느리고 꾸준하게 유지할 수 있는 리듬을 찾고 아프가니스탄 사람들의 걷기를 활용하자. 보폭을 짧게 만들자. 보폭이 짧으면 오르막과 내리막 모두에 효과적이다(내리막에서는 평지보다 무릎 관절에 두 배 정도 압력이 크게 가해진다). 신발이 잘 맞고 발목을 잘 받쳐주는지 확인하자. 내리막을 걸을 때 발생하는 충격을 대비하기 위해 완충장치(깔창이나 아주 두꺼운 양말 등)를 더 준비하는 것도 좋다.

가파른 언덕을 걸으면 언덕을 뛰어 올라가는 것보다 종아리 근육 강화에 더 도움이 되며, 이는 몇몇 운동 전문가들이 선수의 훈련 프로그램에 오르막 걷기를 넣으라고 권유하는 이유이기도 하다. 오르막길을 걸으면 허리 아랫부분 통증이 악화될 수 있다. 그러니 천천히 시작해 점차 속도를 높이며 등 근육이 강해질 시간을 주자. 친구와 함께하면 더욱 수월하게 느껴질 것이다.

39

자연의 냄새를 맡으며 걷기
Walk With Your Nose

작가이자 해양생물학자 레이첼 카슨^{Rachel Carson}이 세상을 떠난 뒤 발견된 짧은 글에는 그녀가 걷던 섬의 휘파람새를 떠올릴 때마다 그 기억에 엄청난 향기가 함께 묻어나온다고 적혀 있었다. "7월 햇살에 몸을 덥힌 소나무와 가문비나무와 월계수 열매 향이 섞인 씁쓸하고 달콤한 향은 나를 흠뻑 취하게 했다." 냄새는 맡는 즉시 우리를 과거의 특정한 시간과 공간으로 보낸다. 그렇기에 우리에게 큰 만족감을 줄 수 있는 좋은 산책 동료이다.

우리가 후각을 처리하는 방식은 다른 감각들과 다르다. 냄새는 여러 감각을 인식하고 처리하는 두뇌 부분인 시상을 거치지 않고 두뇌 깊은 곳에 있는 1차후각피질에 곧바로 닿는다. 후각은 오감

중 가장 원시적이다. 수천 년 전 인류가 식량을 찾고 위험을 피할 수 있었던 것도 후각 덕분이다. 오늘날 우리의 삶이 영상 기반으로 변화하며 후각은 점차 약해지고 있다. 그런데도 여전히 우리의 코는 놀랄 만큼 정교하다. 수백 년에 걸쳐 발전해온 후각 수용 유전자 350개를 지닌 화학 물질 감지 장치이며, 아주 가볍고 미묘한 냄새도 구별해낼 수 있다. 걷기는 우리 몸과 두뇌에 거의 영향을 미칠 것 같지 않은 감각인 후각을 다시 깨닫고 발전시키게 한다.

지난 몇십 년 동안 연구원들은 에센셜 오일의 효과를 조사하며 소나무, 로즈메리, 라벤더를 비롯한 식물 수십 개에 함유된 방향족 화합물이 통증과 불안감 감소, 일부 종양 억제, 염증 완화, 수면의 질과 기분 증진, 집중력과 기억력 강화와 관련된다는 사실을 밝혀냈다. 이런 결과들이 우리에게 그렇게 놀랍지는 않을 것이다. 에센셜 오일은 수 세기에 걸쳐 활용되어왔기 때문이다. 이집트인은 무려 기원전 4500년부터 아니스 씨앗, 삼나무, 몰약을 섞어 연고를 만들었다. 몇 세기 뒤 중국과 인도의 치유자들은 시나몬, 생강, 샌들우드를 포함해 7백 개가 넘는 식물을 사용했다. 그리스인은 타임, 샤프론, 라벤더, 페퍼민트 활용법을 기록했다. 오늘날 이런 식물로 만든 오일은 제약 산업에 널리 활용되며 항염증, 항균, 항바이러스, 방부, 항암, 항진균과 같은 다양한 생화학적 특성을 증명하고 있다.

한 연구는 유럽 적송 솔잎에서 추출한 오일이 유방암의 한 형태인 종양 억제에 도움이 된다는 사실을 밝혔다. 설치류와 인간 모두를 대상으로 진행한 수많은 연구에서는 로즈메리 오일 냄새를 맡으면 기억력이 증진되고, 주의가 뚜렷해지고, 염증이 줄어들고, 통증이 완화된다는 결과가 나왔다.

다른 여러 연구는 라벤더 오일 냄새를 맡으면 불안감이 현저히 줄어들며 긴장감이 완화된다는 사실을 보여준다. 사실 깊은 잠을 자게 해준다거나 집중력을 증진해준다는 라벤더 오일의 효능은 논쟁의 여지가 없을 정도다. 입원 환자에게 페퍼민트 오일 냄새를 맡게 했을 때는 메스꺼움과 구토 반응이 유의미하게 줄어들었다. 세이지 오일은 불안감을 느끼는 환자들의 맥박수를 극적으로 느려지게 했다. 알츠하이머 환자들이 레몬 밤 오일 냄새를 맡고 기억력과 기분 증진 효과를 경험하기도 했다.

서섹스대학 연구원들은 레몬 오일(면역력을 강화하는 백혈구 세포 생산 증가를 돕는다고 알려져 있다) 냄새를 맡으면 신체에 대한 감각이 달라지며 몸이 더 날씬하고 가볍다고 느끼게 된다는 사실을 발견했다. 다시 말해, 어떤 냄새에는 우리의 감정을 바꾸는 힘이 있다는 의미다.

이렇게 향이 강한 식물과 허브는 야생에 많이 자란다. 최근 나는 마르세유 해변 주변을 산책하며 라벤더, 세이지, 타임, 로즈메리가 만들어낸 매혹적인 향기를 만끽했다. 이후 스페인 시에라 네바다를 걸을 때는 야생 바질과 펜넬 향기가 산책을 채워주었다. 이 두 곳에서 걸었던 기억은 선명하게 새겨졌는데, 나는 이것이 황홀한 향기 가득했던 공기와 더불어 특정한 오일과 기억 사이의 연결고리 때문이라고 생각한다.

식물은 열을 받았을 때나 비 온 후에 향기를 가장 강렬하게 내뿜지만, 걸으며 잎이나 열매나 꽃잎을 손 사이에 문지르며 향을 즐길 수도 있고, 떨어진 향나무의 나뭇가지를 부러뜨리거나 식물에 직접 코를 대어 냄새를 맡을 수도 있다. 놀랍게도 우리의 후각 세포는 한 달에서 두 달마다 새롭게 바뀐다고 한다. 그렇다면 이를 낭비할 필요가 없지 않을까?

유용한 팁

향기 나는 식물이 많은 곳을 찾아보자. 허브가 빽빽하게 자란 바닷가 언덕길, 소나무숲, 민트 가득한 개울과 강둑도 좋다. 도시라면 나무가 많은 공원이나 장미 정원, 허브 정원을 찾아보자. 천천히 걷고, 가끔 눈을 감은 채 손으로 귀를 막아 후각 수용 세포에 집중해보자. 향을 들이마신 직후에는 숨을 천천히 내뱉자. 후각 센서를 거쳐 돌아오는 과정에서 향이 더욱 증폭되기 때문이다. 꽃에 코를 직접 대고 냄새를 맡는다면 조향사처럼 얕은 숨을 짧게 여러 번 들이마시는 것이 좋다(후각 수용체에 향을 가득 채울 수 있다). 따뜻한 날이 가장 좋다. 곤충이 가장 많은 날에 가장 향을 강렬하게 내뿜는 꽃이 많기 때문이다.

40

순례자처럼 걷기
Walk Like a Pilgrim

1953년 1월 1일, 이후 세상에 '평화의 순례자Peace Pilgrim'라고 알려지게 되는 한 여인이 집을 떠나 걷기 시작했다. 그녀가 입은 남색 상의에는 "평화를 위해 2만5천 마일을 걷다"라고 쓰여있었다. 가방에는 갈아입을 옷 한 벌, 칫솔과 빗뿐이었으며 돈은 없었다. 실제로 이 평화의 순례자는 단 한 번도 돈을 가지고 다니거나 쓰지 않았다. 평범한 삶으로 다시 돌아가지도 않았다. 그녀는 그저 걸을 뿐이었다. 하루에 약 40킬로미터씩 걸으며 미국, 캐나다, 멕시코를 지났고, 밤에도 더울 때도 눈 오는 날도 폭풍이 몰아치는 날도 걸었다. 그녀는 세상을 떠나기 전까지 28년 동안 순례를 계속했다. 그녀는 자신의 놀라운 건강이 신앙심에서 왔다고 설명했다.

걸어서 떠나는 여정에 영적 의미를 부여하는 형태의 순례는 수세기 전부터 존재했다. 1300년 전 과거에는 매일 로마에 도착하는 순례자의 수가 3천 명에 달했다고 한다. 일본의 순례(여성이 집을 떠날 수 있는 유일한 방법이었다)에 관련된 기록은 헤이안 시대(794~1185년)까지 거슬러 올라간다. 메카를 향한 이슬람교도들의 첫 순례도 628년에 이루어졌다.

이런 순례자들이 다시 등장하기 시작했다. 사람들이 걷기를 통해 영적 활기를 찾고 자기 자신보다 더 거대한 무언가에 속하기를 원하며 매일같이 고대 순례자들의 길을 걸었기 때문이다. 2019년 스페인 산티아고 데 콤포스텔라(가톨릭 신자들의 순례 목적지)에 도착한 사람은 35만 명이었고, 하즈에 참여한 이슬람교도는 2백만 명에 이르렀다. 매년 3억 3천만 명이 순례에 나선다. 최근에는 순례길을 복원하고 홍보하기 위한 새로운 기관들이 생겨나고 있다. 하지만 순례가 꼭 장거리일 필요는 없다. 중세 순례자였던 마저리 켐페Margery Kempe는 가장 가까운 성지까지 3킬로미터 이하로 걷는 초 단거리 순례 신봉자였다. 영국 순례 신탁British

Pilgrimage Trust 역시 순례에서 가장 중요한 것은 거리가 아니라 과정이라고 말한다.

그렇다면 일반적인 걷기와 순례의 차이는 무엇일까? 우선 순례에는 '의미 있는 목적지'가 있어야 한다. 과거의 목적지는 대개 성지였지만, 오늘날에는 오래된 나무, 존경하는 화가나 건축가의 집, 특별한 기억이 있는 장소, 희귀한 난초가 자라는 곳일 수도 있다. 두 번째로, 순례에는 '의도'가 있어야 한다. 이는 하루의 계획을 천천히 짜 보거나 자기 전 머리를 비우는 것처럼 간단해도 좋다. 해결하고 싶은 문제라거나 감사를 표하고 싶은 일처럼 좀 더 도전적이고 사색적인 의도도 좋다.

꼭 정통적인 순례길을 걸을 필요도 없다. 나에게 영원히 기억에 남을 길이자 가장 중요한 순례길은 내 아버지가 생의 마지막 날 걸었던 해변이다. "순례할 때 우리는 물리적인 경로를 걷고 도착지라는 분명한 목적을 두며, 이를 달성할 걷기라는 수단을 취한다. 그 단순함이 아마 내면에 숨은 방향성을 찾는 비밀일지 모른다." 영국 순례 신탁의 가이 헤이워드Guy Hayward 박사는 이렇게 말했다.

단순함도 좋지만 진정하고 진실한 순례를 통해 정신적인 초월을 경험하고 싶은 사람이 더 많다. 산티아고 데 콤포스텔라로 향하는 순례길 전문가 낸시 프레이Nancy Frey는 확신한다. "순례자들이 길을 나서면 시간 개념이 바뀌고, 감각이 고양되고, 자신의 몸과 풍경을 새롭게 인식하게 됩니다." 프레이는 순례자들이 주변의 환경에 깊이 녹아들며 바로 지금, 여기라는 감각을 강렬하게 느끼게 된다는 사실을 깨달았다.

예일대학과 컬럼비아대학이 함께한 연구에서 연구자들은 영적인 경험을 하면 "스트레스의 영향을 완화하는 깊은 관점 변화"가 일어난다는 사실을 발견하며 영적인 경험이 더욱 큰 회복력으로 이어진다는 이전의 여러 보고서를 뒷받침했다. 여러 연구에서 영적인 무언가를 느끼면 삶의 만족도와 행복감이 높아지고, 목적 의식과 삶의 의미가 더 분명해지며, 더 희망적이고 낙관적이 되고, 우울감과 불안감이 낮아진다는 사실을 발견했다. 더 불가사의한 일은 몇몇 보고서에서 영적 수행과 장수 사이에 연관성이 있다고 지적했다는 것이다. 이러한 보고서의 저자 마리노 브루스Marino Bruce 부교수는 다음과 같이 설명했다. "세상에 혼자가 아니라는 느낌, 자신보다 더 큰 힘의 일부라는 느낌은 삶에서 일어나는 여러 문제를 마주할 자신감을 준다. 만약 이 느낌이 스트레스를 줄여준다면, 이는 고혈압과 당뇨를 포함해 생물학적으로 사망률을 높일 가능성이 있는 증상을 덜 경험할 것이라는 의미가 된다."

2008년 한 연구는 영적인 경험과 도파민, 멜라토닌, 엔도르핀, 세로토닌과 같은 여러 신경 화학 물질 수치 증가를 연관 지었다. 신체를 벗어나는 경험이 생리학적 요소의 원인이 될 수도, 결과가 될 수도 있다는 사실을 받아들인다고 해서 영적인 경험을 깎아내리는 것은 아니다. 오히려 빛내는 일이다.

무엇을 믿든 우리의 순례길에는 이전에 그 길을 걸었던 수많은 사람이 함께하고 있는 것과 같으며(조성된 순례길이라면), 옆에 함

께 걷는 순례자들도 다른 산책길에서는 얻을 수 없는 어떠한 평
온함을 우리에게 선물하고 있을지 모른다.

순례길이 짧을 수도 있지만, 정통 순례길은 보통 수일 동안 계
속해서 걸어야 하므로 체력과 인내심이 있어야 한다. 리사 모스코
니Lisa Mosconi의 저서『여성의 뇌 건강을 위한 놀라운 과학The XX Brain』
에 따르면 특히 여성이 이러한 움직임에 뛰어나며, 이로 인해 얻는
장점도 더 크다고 한다. 여성이 인내심이 더 강한 경우가 많다고
설명하며 모스코니는 신진대사를 높이면서 유산소성 체력을 최적
화하고 싶은 여성들은 저강도로 오랫동안 운동해야 한다고 덧붙
였다. 이 말에 가장 부합하는 운동이 바로 계속해서 걷는 것이다.

유용한 팁

예배 장소를 목적지로 정하는 것도 좋다. 영국 순례 신탁은 순례가
끝나는 시간과 저녁 예배 시간을 맞추는 방법을 제안했다. 순례 전
문가 클레어 고거티Clare Gogerty는 순례 일기를 쓰고, 길을 걷다 만난
동식물의 이름을 익히고, 휴대전화는 꺼두라고 권장한다.
순례길은 혼자 걷고 싶으면서도 동행을 만날 기회를 열어두는 사람
에게 훌륭한 선택지다. 실제로 산티아고 순례길에서 평생 친구를 만
나는 사람도 많다.

41

길을 잃고 헤매며 걷기
Walk to Get Lost

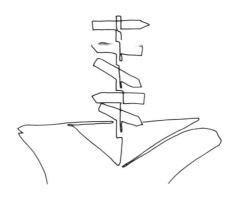

1955년, 프랑스 이론가 기 드보르Guy Debord는 '심리지리학'과 '르 데리브le drive(표류)'라는 단어를 만들어냈다. '르 데리브'란 길을 잃고, 목적이나 의도 없이 걷고, 잊힌 도시의 한 귀퉁이를 마주하는 것이다.

나는 종종 고향인 런던에서 이런 식으로 표류하곤 한다. 심리지리학자여서가 아니라 길을 잃는 것을 좋아하기 때문이다. 마치 머릿속에 진한 에스프레소가 그대로 들어온 듯 정신이 번쩍 드는 느낌이 좋다. 길을 잃었을 때 우리는 새로운 풍경과 건물을 마주하게 되는데, 이때 두뇌는 이 새로운 주변 환경에 적응하기 위해 벌떡 일어나 정보를 기록한다.

두뇌는 새로움을 좋아한다. 새로운 것이나 이전과 다른 것을 마주하면 두뇌는 그 즉시 새로운 신경 통로를 만들며, 이 과정에서 기억력과 학습 능력이 증진된다. 신경과학자들은 흑질과 복측 피개영역(학습과 기억에 필수적인 부분)이라는 두뇌 부분이 새로운 이미지 중에서도 긍정적이고 기분 좋은 이미지를 볼 때 활성화된다는 사실을 발견했다. 이렇게 기쁨과 참신함이 더해지면 새로운 뉴런이 생성되고, 동시에 도파민도 분비되어 기분이 좋아진다.

길을 잃었을 때(혹은 잃었다고 생각할 때) 두뇌는 우리를 지키기 위해 분투하며 새로운 활력을 주는 방식으로 우리를 주변 풍경과 소통하게 한다. 휴대전화 지도를 따라 걸을 때는 이와 완전히 다른 일이 벌어진다. 아무 생각 없이 화면에 뜬 빨간 점만 따라가다 보면 위, 아래, 뒤에 무엇이 있는지 알지 못한다. 주변 풍경에 완전히 익숙해져 버리면 역사적인 건물의 건축가가 자신의 작품임을 표시하기 위해 만든 작은 장식부터 새로운 잎이 몸을 펴며 새어 나오는 희미한 빛까지 그 모든 풍요로움을 놓쳐버린다. 또한, 알지 못했던 어떤 것, 기대하지 못했던 새로운 장소, 완전히 낯선 곳에 발을 디디며 느끼는 황홀함까지 잃어버리고 만다.

길을 잃으면 길을 찾는 능력도 좋아질 수밖에 없다. 이는 아직도 방향을 찾는 데 상대적으로 서툴다고 알려진 여성들에게 특히 중요하다. 인류학자 엘리자베스 캐시단Elizabeth Cashdan은 공간지각 능력이 "알려진 중 가장 큰 성별 인지 차이"라고 말한다. 전 세계 여러 인종과 문화에 걸쳐 공간지각능력을 연구한 캐시단은 이러한 차이가 여성의 두뇌와는 아무 관련이 없으며, 문화적 환경과 여성의 자신감이 그 이유라고 주장한다.

역사적으로 남성은 식량을 사냥하거나 짝을 찾기 위해 집에서 멀리 떨어져 익숙하지 않은 영역으로 나가야 했지만, 여성은 집 근처에 머물렀다. 이렇게 여성의 방향 찾기 능력은 발전할 기회가 없어 약화하였고 공간과 격자 세포도 위축되었다. 현재 여러 연구는 성별과 관계없이 여행 반경이 넓어지면 공간인지능력도 증진된다고 말한다. 다시 말해, 지도 없이 시간을 더 많이 보내고 익숙하지 않은 지형을 탐험할수록 공간에 관한 이해가 깊어진다.

더욱 중요한 점은 이러한 두뇌 가소성을 인지하게 되면서 누구든 공간지각능력을 괜찮은 수준으로 올릴 수 있게 되었다는 것이다. 셰릴 솔비Sheryl Sorby 교수에 따르면 우리는 나이에 상관없이 하루 최소 15분으로 이러한 능력을 증진할 수 있다고 한다.

공간지각능력은 나이의 문제이기도 해서 방향을 찾는 능력은 10대부터 감소하기 시작한다. 다른 모든 인지능력과 마찬가지로 길 찾는 능력도 연습이 필요하다. 걸으며 길을 잃어보면 두뇌가 활용할 수 있는 모든 수단을 동원하게 만들기 때문에 공간지각능력을 증진하는 훌륭한 방법이다.

이러한 걷기는 역설적으로 계획을 세웠을 때 더욱 효과적이다. 길을 잃었을 때 느끼는 호기심은 어둡고 무서운 곳으로 접어들거나 음식과 물이 떨어졌을 때 순식간에 공포로 바뀌기도 하기 때문이다.

걸으며 길을 잃어보는 경험은 새로운 도시를 발견하기에 좋은 방법이지만, 혹시 모를 때를 대비해 지도를 챙기자. 바로 집 근처, 버스나 지하철을 잠깐 타고 나가야 하는 곳에 예상치 못한 장소가 있는 경우가 많다. 길 잃기를 제대로 즐기려면 안전하게 걸을 수 있는 장소를 제대로 선택하자.

아침에 출발하자. 어두우면 새로운 곳이 불안하게 느껴진다. 지도, 나침반, 휴대전화(비상시에만 볼 것), 여분의 배터리, 물병, 간식을 챙기고 알맞은 동료를 구하자(모두가 길 잃기를 좋아하지는 않으니까). 기 드보르는 두 명이나 세 명과 같이 다니라고 조언했다.

혼자 다녀도 좋다. 마이클 본드Michael Bond는 자신의 저서 『길 잃은 사피엔스를 위한 뇌과학』에서 혼자 낯선 곳을 걸어보라고 말하는데, 완전히 혼자여야만 누군가에게 의지하지 않고 공간 능력을 적극적으로 활용하게 되기 때문이다. 드보르가 말하는 '표류'는 몇 분에서 며칠까지 이어질 수 있으며, 평균 지속 시간은 하루 정도다.

42

식사 후에 걷기
Walk After Eating

왜 많은 사람이 배부르게 식사한 후에 꼭 운동해야 건강에 좋다고 생각할까? 나는 할머니 덕에 식사 후에는 가만히 앉아 쉬어야 소화가 가장 잘 된다고 확신하며 살았다. 할머니는 식사 후에 운동하면 위가 뒤틀려 소화가 잘 안 된다고 말씀하셨다. 그래서 수십 년간 나는 식사 후에 거의 움직이지 않았다. 실제로 나는 엄마가 된 다음에 말 안 듣는 아이들을 식사 후에 잡아두기 위해 몇 년이나 노력했다. 나는 식사한 후에 식탁에 머물러 있어야 건강에 좋다고 오랫동안 굳게 믿었다.

무려 44년 동안 이어졌던 내 믿음을 흔든 것은 철저한 과학적 사실이었다. 과학은 나의 믿음과 성반대인 사실, 즉 식사 후에 저

강도로 운동하면 변비 예방부터 혈당 수치 감소까지 수많은 장점이 있다는 사실을 밝혀냈다. 저강도 운동 중 가장 좋은 것은 걷기다. 산책도, 느긋하게 걷는 것도 좋다. 식사량이 많을수록 산책이 더 필요하다. 좋은 소식은 10분만 걸어도 혈당 수치를 충분히 낮출 수 있다는 것이다.

소화의 관점에서 보면 식사 후에 걸었을 때 운동과 중력이 더해져 음식이 더 수월하게 소화기관으로 움직일 수 있게 된다. 저널 「거트」에 실린 한 연구에서는 중간 강도 운동을 했을 때 음식물 전달 시간이 극적으로 가속화되었으며, 배변 빈도와 배변량은 달라지지 않았다는 결과가 나왔다. 다시 말해, 운동하면 몸 안에 있는 모든 것이 움직이며 변비에 걸릴 위험이 낮아진다. 이후 이루어진 한 연구에서는 만성 변비로 고통받는 중년 환자들이 매일 30분씩 걸은 결과, 증상이 완화되고 음식물이 결장에서 움직이는 총 이동 시간이 줄어들었다는 사실을 발견했다.

2016년에 뉴질랜드 오타고대학에서 진행된 연구에서는 하루 중 다른 시간에 걸었을 때보다 식사 후에 걸었을 때 혈당 수치 완화 효과가 가장 뛰어나다는 결과가 나왔다. 이 연구에서 연구자들은 2형 당뇨를 앓는 사람들이 식사 후 10분 걷기와 그냥 30분 걷기에서 모두 효과를 얻을 수 있을지 실험했다. 그 결과 이들은 걷는 시간이 짧고 빈도가 높았을 때(특히 식후) 그냥 30분을 걷는 것보다 혈당 수치 완화 효과가 크다는 사실을 발견했다. 가장 큰 효과는 참여자들이 저녁 식사 후 걸었을 때 나타났다.

저녁을 먹은 후에 걸었던 사람들은 그냥 걸었던 사람들보다 혈당 수치가 22% 이상 떨어졌고, 연구자들은 이를 토대로 식사 후 걷기가 인슐린 주사를 맞을 필요성을 줄여줄 가능성이 있다고 결론지었다. 더 최근에 진행된 메타연구에서는 저자들이 "하루 중 시간과 관계없이 식사 후에 운동하면 식후혈당증(혈당 수치)에 긍정적인 영향을 준다"라는 사실에 동의하며 이러한 결과를 입증했다.

당뇨를 앓지 않는 사람도 식사량이 많을 때는 혈당 수치가 올라간다. 많은 사람이 대개 저녁에 파스타, 피자, 감자, 쌀, 빵 등 탄수화물을 더 많이 먹기 때문이다. 게다가 해가 지면 우리는 소파에 늘어져 있거나 침대에 눕고 싶어 한다. 이제는 날씨가 어떻든 간단하게라도 산책을 나가보자. 가장 하지 말아야 할 일은 리모컨에 손을 뻗거나 이불 속에 웅크리는 것이다.

식사 후 걷기는 소화관 속 노폐물을 빠르게 내려보내는 데 도움을 주는 것과 마찬가지로 필수 생화학물질, 비타민, 미네랄과 같은 영양분이 더욱 효율적이고 빠르게 목적지에 도달할 수 있게 해준다. 빽빽한 자물쇠에 윤활유를 뿌리는 것처럼 식사 후 걷기가 음식의 영양분을 우리 몸속에 흐를 수 있게 해준다고 생각하면 된다.

나는 식사 후 걷기를 시작하며(친구, 딸, 남편과 함께할 때도, 혼자일 때도 있었다) 또 다른 장점들을 알게 되었다. 먼저, 와인을 덜 마시게 되었다. 밖으로 나갈 때는 와인 잔을 다시 채울 필요가 없기 때문이다. 두 번째로는 식탁에 있는 음식을 덜 먹게 되었다. 곧 걸으러 나가야 한다고 생각하자 남은 음식을 먹지 않게 되었기 때문이다. 세 번째로는 산책하며 활기를 얻어 집에 돌아왔을 때 소파에 눕기보다는 집중해서 책을 읽게 되었다. 마지막으로, 더 잘 자게 되었다. 아마 어두운 환경을 걸으며 멜라토닌이 생성되고, 호흡이 안정되며 긴장이 풀어졌기 때문일 것이다.

저녁 산책이 짧다고 죄책감을 느낄 필요 없다. 오타고 연구원들에 따르면 10분도 충분하다고 한다. 다른 여러 연구 역시 혈당을 줄이기 위해서는 한 번에 긴 시간을 걷는 것보다 10분씩 세 번 걷는 것이 더 효과적이라는 사실을 입증했다. 식사 후 이렇게 짧게 산책하면 혈당 완화와 더불어 혈압 감소 효과도 얻을 수 있다.

밥을 많이 먹은 뒤에는 빨리 걷지 않아도 된다. 가벼운 산책이면 충분하다. 무언가 불편함이 느껴진다면, 몇 분간 멈춰서 기다리자. 자세에 신경 쓰고 식사 후 엉덩이를 붙이지 않도록 주의하자. 배가 가득찬 후에는 늘어지면 안 된다.

43

모두 모여 함께 걷기
Walk With Others

수백 년간 웨일스 언덕에서는 발굽이 부딪히는 소리, 개 짖는 소리, 우렁찬 소 울음소리, 돼지가 꿀꿀대는 소리, 거위 소리까지 다채로운 소리가 울려 퍼졌다. 이중 가장 독특한 것은 엄청나게 많은 가축 무리를 웨일스에서 런던까지 몰고 가는 사람들이 내는 특유의 높은 소리였다. 약 320킬로미터나 되는 이들의 여정은 느리고 힘들었지만, 절대 외롭지는 않았다. 가축 모는 사람들은 수 킬로미터 밖에서도 들릴 만큼 시끄러운 소리를 내는 가축들과 함께 걸었다. 런던으로 떠나는 소년들, 가정부로 일하게 된 소녀들, 친구와 가족을 만나러 떠나는 여성들, 가축 판매자들, 부유한 젊은 청년 모험가들처럼 이들과 함께 걷는 사람들도 많았다. 이렇게 다양한 사람들과 동물들이 내는 여러 소리가 부딪히며 사방에 퍼졌고, 이들은 함께 먹고, 자고, 움직였다. 가축 모는 사람들과 동료들에 관한 이야기를 읽다 보면 '함께 걷기'의 즐거움을 다시 한번 떠올리게 된다.

인류학자 팀 인골드Tim Ingold와 조 리 베르군스트Jo Lee Vergunst는 걷기를 매우 사회적인 활동이라고 설명했다. 역사적으로도 시위, 퍼레이드, 행군, 행진, 순례 능이 사회 행사로서 수 세기 농안 손새해왔으며, 가축을 모는 행위도 마찬가지다. 함께 걸으면 안전하고 보호받을 수 있다. 대화가 이어지고, 관계가 생기며, 우정이 돈독해지기도 한다. 서로 맞춰가며 느린 속도로 나아가기 때문에 함께 걷기는 더욱 특별하며, 모두를 아우른다.

사색하기에는 혼자 걷기가 더 좋지만, 함께 걸으면 인간 기본 욕구의 다른 부분을 채울 수 있다. 인간 대 인간으로 소통하면 도파민이나 옥시토신처럼 우리를 보호하고 기분을 좋게 하는 신경전달물질이 풍부하게 분비된다. 심리학자 수잔 핀커Susan Pinker는 이를 "마치 백신과 같다…. 현재에도 미래에도 좋은 영향을 준다"라고 설명했다. 핀커는 그저 악수하는 것만으로도 우리 두뇌와 몸에 옥시토신이 넘쳐흐르며 즉각적으로 스트레스와 불안감이 크게 완화된다고 말한다. 지난 몇 년 동안 코로나19 대유행을 겪으며 사회적인 존재로 살아가야 할 필요성이 더욱 두드러졌고, 이러한 주장은 개인적인 진술뿐 아니라 수많은 학술 연구로도 증명되었다. 사회적 유대감이 단단하면 신체와 정신건강, 인지 능력, 수

명에도 긍정적인 영향을 미친다.

외로움이 불러오는 부정적인 영향 역시 잘 입증되어 있다. 수많은 연구가 외로움과 우울감, 불안감을 연관 짓는데, 2020년 한 보고서는 외로움을 느끼는 청소년이 미래에 우울감을 느낄 가능성이 세 배 높고 우울 증상이 수년간 지속하는 결과로 이어질 수 있다는 사실을 보여주었다. 다른 여러 연구는 외로운 사람이 치매, 심장병, 뇌졸중에 걸릴 확률이 크다고 보았으며, 일부 전문가는 외로움이 흡연, 공기 오염, 비만만큼 해로운 영향을 미친다고 주장했다.

왜 함께 걸어야 할까? 먼저 함께 모여 걸으면 구성원의 신체 건강이 증진된다는 사실이 입증되었기 때문이다. 함께 걷기가 몸무게와 더불어 체질량지수BMI를 줄여주고 혈압과 콜레스테롤 수치를 낮춰준다는 증거는 꾸준히 보고되고 있다. 더욱 중요한 사실은 함께 걷다 보면 중간에 포기하는 사람이 현저히 적어진다는 것이다. 함께 걸으면 끝까지 함께하게 된다.

함께 걷기의 가장 큰 장점은 구성원의 정신건강 증진이다. 총 7만 4천 시간을 걸은 1천843명의 참여자를 대상으로 진행된 한 연구에서는 함께 모여 걸었던 사람들의 스트레스와 우울감이 통계적으로 현저히 감소했다는 사실을 발견했으며, 이중 다수는 큰 만족감을 함께 느꼈다고 보고했다. 그렇다면 함께 걷기의 어떤 점이 우리에게 만족감을 주는 걸까?

인류학자 테사 폴라드Tessa Pollard와 스테파니 모리스Stephanie Morris

는 함께 모여 걸으며 경험을 공유하는 행위가 단순한 걷기 운동을 보람찬 사회 활동으로 만들어준다고 주장했다. 이들의 연구는 우리가 다른 사람들과 함께 걸을 때 사회적 유대감, 수용, 소속감, 안정을 느낀다는 사실을 보여준다. 눈을 맞추지 않고도 느린 박자로 이어지는 속도, 함께 맞춰지는 움직임이 편안한 친밀감을 조성하기 때문에 자신감, 생각, 계획을 더욱 편하게 나눌 수 있게 된다.

인류학자들은 함께 걸으며 겪는 만남과 헤어짐을 '순간적인 친목'이라고 부르며, 이는 함께 걷기가 지닌 치유 효과의 중요한 요인으로 여겨진다. 무리와 함께 걷다 보면 혼자 있는 시간과 대화하는 시간을 자유롭게 넘나들고, 방향을 바꾸거나 모퉁이를 돌고, 어떤 때는 이야기를 나누지만 어떤 때는 조용히 발맞춰 걷는다. 함께 걷기는 매우 특별한 타인과의 소통이며, 다른 사회적 활동과는 완전히 다르다. 폴라드는 이런 형태가 개인에게 압박을 주지 않는 순간적이고 가벼운 사회적 관계라고 설명한다.

함께 걷기가 우리의 기분을 고양하는 이유는 또 있다. 폴라드는 함께 걷기에 참여하며 느끼는 소속감이 단순히 무리에 속해있기 때문이 아니며, 이 소속감이 풍경으로 확장된다고 믿는다. 시골이든 도시든 어떤 장소를 걸어서 지나갈 때 우리는 듣고, 냄새 맡고, 느끼고, 맛보며 모든 감각으로 그 풍경과 소통한다. 이러한 경험을 타인과 나누면 그 무리의 구성원과 더불어 풍경과 느끼는 유대감이 깊어진다. 게다가 성취감, 배고픔, 추위, 호기심, 경이로움을 공유하기도 한다.

영국 북부 소외지역 출신 여성들을 대상으로 한 연구에서는 함께 걷기가 질병으로 인해 삶의 중대한 전환점을 마주한 사람에게 특히 효과적이라는 사실을 발견했는데, 규칙적으로 함께하는 걷기가 생명선, 평온한 시간이 되고, 이겨낼 힘을 주어 이들을 단단하게 해주었기 때문이다.

걷기와 말하기는 생각보다 공통점이 많다. 빌 브라이슨은 호모 사피엔스가 두 발로 걷게 된 시기와 소통 능력이 발전한 시기가 비슷할 것으로 추측했다. 브라이슨은 작은 생명체인 인류가 큰 생명체를 사냥하면서 소통 능력이 걷는 능력만큼이나 중요해졌을 것이라고 가정한다. 한편 진화생물학자 다니엘 리버만은 현재 몇몇 부족을 포함해 수천 년 전 인류는 무리 지어 채집하고 사냥했다는 점을 지적했다. 걸으면서 이야기하기를 좋아하는 우리의 습성은 아마 DNA 깊은 곳에 뿌리내리고 있을지 모른다.

함께 걷기는 도시보다 자연에서 더 큰 효과를 낸다. 연구자들은 자연 속에서 걸을 때 정신건강에 엄청난 영향을 미친다는 결론을 내렸다. 한 연구는 자연 속 함께 걷기에 마법처럼 특별한 효과가 있는 것은 아니지만, 회복의 발판이 된다고 설명했다.

오스트레일리아 여성 1%를 대상으로 진행된 한 연구에서는 함께 걷기가 정신적 변화와 감정적 구원의 원천이 되었으며, 유대감은 자연 풍경만큼이나 중요한 역할을 했다. 이들은 오스트레일리아 오지를 함께 걸으며 안전과 동지애를 느꼈고, 이 감정은 쭉 이어지는 우정으로 발전했다. 이 연구의 참여자 다수는 놀라운 효과를 경험했다고 말했으며, 이들은 자신이 더 나은 사람, 어머니, 아내가 되었다는 믿음과 함께 일상으로 돌아왔다.

--------------------------------- 유용한 팁 ---------------------------------

신경과학자 다니엘 레비틴은 하이킹, 새로운 장소, 새로운 만남이 두뇌를 젊게 유지해준다고 말했다. 이 세 가지를 모두 합친 것이 바로 함께 걷기다. 램블러스(www.ramblers.org)처럼 국제적인 단체들은 여러 지역에 지점이 있다. 도시에도 가성비 좋은 대중교통과 걷기 가이드를 제공하는 걷기 모임이 있다. 의사의 조언을 따라 특정 건강 상태에 맞는 걷기 모임이나 협력 단체를 소개받을 수도 있다. 지역 도서관에서도 정보를 많이 접할 수 있으며, 함께하는 장거리 하이킹이나 도보 여행 프로그램을 운영하는 단체도 많다. 자선단체에서도 종종 기금 마련을 위한 걷기를 개최한다.

함께 걸어야 할지 혼자 걸어야 할지 확신이 없다면? 과학 저널리스트 플로렌스 윌리엄스Florence Williams는 "우울하거나 불안할 때 사회적 걷기를 하면 기분이 좋아진다. 삶에서 마주하는 문제를 해결하고 싶거나, 자신을 돌아보거나, 창의력을 북돋고 싶다면 혼자 걷는 것이 좋다"라고 조언한다.

--------------------------------- · · · ·   · · · · · · ---------------------------------

44

경외로운 자연을 찾아 걷기
Seek Out the Sublime

2014년 더운 여름날 오후, 보헤미아의 바위 동굴을 걷던 나는 갑작스럽게 폭풍을 만났다. 하늘이 어두워지며 공기가 무거워지더니 번쩍이는 번개가 하늘을 갈랐다. 거대한 바위들은 이 기묘한 빛을 받아 몸을 떨며 깜빡였고, 그 위를 덮은 이끼는 요정처럼 빛났다. 마치 최면에 걸린 듯 매혹되며 모든 생각이 사라지는 순간이었다. 하지만 그 순간 내 마음은 텅 빈 것이 아니라 설명할 수 없는 기분으로 가득 찼다. 이후 나는 말을 잃게 한 그 감정이 무엇인지 알게 되었다. 그것은 경외심이었다.

우리 모두 이런 순간을 한 번쯤은 경험한다. 어떤 장소나 풍경을 보며 강렬한 호기심, 믿기 힘든 신비로움, 빨려드는 듯한 아름

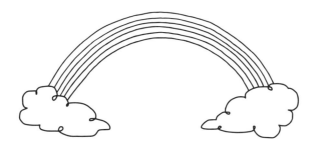

다움을 느끼는 순간을. 우리는 산맥, 불타는 노을, 폭포가 만드는 어떤 풍경을 처음 본 순간과 같은 기억을 마음에 담으며, 이 추억은 시간이 지난 후에도 이상할 정도로 생생하게 떠오른다. 이 순간은 영적이거나 종교적인 의미로 남기도 한다. 대개 이런 순간을 자연 속에서 경험한다. 그리고 매번은 아니지만 이 순간에 나타나는 우리의 반응에는 두려움이나 불신이 포함되어 있다.

시인과 철학자들은 수백 년 동안 숭고함이 지닌 힘을 기록했다. 하지만 최근 경외심은 과학 연구의 주제로 다뤄진다. 경외감은 무엇일까? 심리학자 미셸 시오타Michelle Shiota는 경외감이란 마치 명상처럼 의식하지 않은 채로 마음 챙김(주의를 집중해 현재를 있는 그대로 관찰하는 것) 상태로 들어가는 것이자 우리를 겸손하게 만들고 작은 존재로 느끼게 하는 뜻밖의 황홀한 경험이며, 우리를 변화시키는 어떤 힘을 지닌 감정이라고 설명한다. 시오타는 경외감의 신호는 눈이 커지고, 눈썹이 치켜 올라가고, 턱이 벌어지는 것과 같은 약간의 충격이라고 설명한다. 또한, 시오타는 경외감을 느끼게 하는 장면이 관찰자의 두뇌를 변화시킨다는 사실을 알아차렸다. 참여자들에게 다양한 장면을 보여준 다음 글을 비평하게 하는 일련의 실험에서 시오타는 경외감을 느낀 참여자들이 사고 과정이 활발해져 더 높은 분석 능력을 가지게 되었다는 사실을 발견했다. 멜라니 루드Melanie Rudd 교수는 경외감이 우리의 시간 감각을 확장해 주의를 더 쉽게 집중할 수 있게 해준다고 주장했으며, 이렇게 높아진 집중력이 경외감과 인지능력 증진을 잇는 열쇠가 아닐까 추측했다. 또한, 루드 교수는 경외감을 느낀 참여자들이 경외감을 느끼지 않은 참여자보다 시간의 압박을 덜 받고, 덜 조급해한다는 사실을 알게 되었다.

심리학 연구자 데커 켈트너Dacher Keltner는 경외감이 어떻게 우리를 변화시키는지 조사했다. 켈트너의 연구 결과는 경외감을 불러일으키는 장면이 수치심, 호기심, 행복, 이타심을 더 크게 만든다는 사실을 보여주었다. 켈트너의 한 실험에서 경외감을 불러일으키는 나무들을 본 참여자는 평범한 건물을 본 참여자에 비해 일부러 떨어뜨린 펜을 더 잘 주워주는 경향을 보였다. 이후 진행된 여러 실험에서는 경외감이 소속감을 촉진해 참여자들이 서로 더 깊은 유대감을 느끼면서 불확실성에 더 잘 대처할 수 있게 되었다는 사실을 발견했다.

가장 흥미로운 결과는 제니퍼 스텔라Jennifer Stellar 박사의 실험에서 발견되었다. 스텔라 박사는 참여자들에게 다양한 장면을 보여준 뒤 타액을 채취해 여러 만성 염증성 질환과 우울감의 지표 역할을 하는 전염증성 사이토카인 인터류킨6IL-6을 조사했다. 흥미롭게도 가장 큰 경외감을 느낀 참여자의 IL-6 수치가 가장 낮게 나타났다. 경외심이 그 어떤 긍정적인 감정보다 신체 건강 증진에 도움을 줄 수 있는 것으로 드러난 것이다. 스텔라 교수는 "경외심은 낮은 전염증성 사이토카인 수치의 가장 강력한 예측 변수이다"라고 보고서에 기록했다.

그러니 미국에서 경외감을 느끼며 걷기, 즉 사람들에게 장엄한 나무, 구름, 호수나 도시에 있는 멋진 건물 혹은 전망을 소개하며 걷는 짧은 산책 프로그램을 만들어낸 것도 놀라운 일이 아니다. 가이드와 함께하는 이 프로그램에서 경외감을 느낀 참여자들이 그렇지 않은 사람보다 8주 후 더욱 긍정적인 감정을 느끼게 되었다는 결과가 나왔다. 더 좋은 점은 이러한 효과가 축적되기 때문에 걸으며 경외감을 느끼는 풍경을 더 많이 찾을수록 건강해질 가능성도 커진다는 것이다.

꼭 가이드가 있을 필요는 없다. 감각을 열고 이끼, 곤충, 빗방울처럼 산책할 때마다 볼 수 있는 가장 작은 것들의 매혹적인 아름다움에 집중하면 된다. 누구든 경이로움을 찾아낼 수 있다.

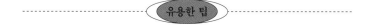

유용한 팁

자꾸 해야 할 일이 떠올라도 한 편에 묻어두자. 수평선을 바라보고, 향기를 들이마시고, 주변의 소리를 듣자. 여러 연구는 새로움이 경외심의 중요한 요소라고 말한다. 그러니 새로운 곳을 걸어보거나, 뒤로 걸어보거나, 밤에 걸어보거나, 맨발로 걸어보자.

늘 걷는 곳에서 새로운 경험을 하는 것은 생각보다 어렵지 않다. 예를 들어, 평소에는 잘 보지 않던 하늘만 올려다봐도 멋진 구름을 감상할 수 있다. 쌍안경이나 망원경을 활용하면 작지만 놀라운 풍경을 더 잘 볼 수 있다. 동식물연구자나 자연과 관련된 글을 쓰는 작가의 작품을 찾아보면 그동안 몰랐던 기적적인 풍경을 알아차릴 수 있게 된다. 지식은 신비로움을 더 커지게 한다.

45

일하면서 걷기
Work As You Walk

5년 전, 나는 작가이자 연구자라는 직업(하루 대부분을 앉아서 보내는)을 포기하기 직전이 되었다. 허리 아래쪽 통증이 너무 심해 앉아 있을 수 없었기 때문이다. 값비싼 물리치료, 교정치료, 허리 강화 운동 프로그램은 모두 실패로 돌아갔다. 이 고통에서 벗어날 수 있는 시간은 걸을 때가 유일했다. 하던 일을 그만두고 걷기 여행 가이드를 시작할까 생각하던 그때, 우연히 잡지에서 빅토리아 베컴이 러닝머신을 하는 사진을 보았다. 아찔한 하이힐을 신고 세련된 긴 재킷을 입은 빅토리아 베컴이 사용하던 기구는 책상이 달린 러닝머신이었다.

호기심과 동시에 의구심이 들었다. 걷다가 떨어지지 않을까?

너무 비싸지 않나? 소파만큼 큰 기구를 대체 어디에 두지? 진짜 문제는 더 복잡한 것이었다. 노트북을 보면서 걸으면 나의 몸, 두뇌, 글에 어떤 영향을 미칠까? 1년 뒤, 나는 결국 그 러닝머신을 사들였다.

당연하게도 걸으면서 일하면 앉아서 일할 때보다 열량이 더 소모된다. 보통 속도인 시속 2.5킬로미터로 걷는다고 했을 때, 책상 러닝머신에서 일하면 앉아서 일할 때보다 열량을 5배 더 소모할 수 있다. 책상 러닝머신을 활용하면 하루 평균 걸음 수보다 보통 2천 걸음을 더 걷게 된다.

일하면서 걷기(데스커사이징deskerciseing이라고 부르기도 한다)에 대한 여러 연구는 책상 러닝머신을 활용한 사람들에게 체중 감소, 지방 감소, 엉덩이와 허리둘레 감소, 총 콜레스테롤 수치 감소, 혈당 및 인슐린 수치 감소, 혈압 감소 효과를 관찰했다.

하지만 일하면서 걷기의 효과는 생리학적 장점 그 이상이다. 연구원들은 책상 러닝머신을 활용하면 단기기억과 주의력을 증진할 수 있다는 사실을 발견했다. 2015년 한 연구에서는 참여자를 두 그룹으로 나누어 분량이 많은 문서와 이메일을 읽게 했다. 이때 한 그룹은 책상 러닝머신에서 작업하고(시속 2.25킬로미터), 다른 그룹은 일반 책상에 앉아 작업했다. 참여자들이 문서와 이메일을 읽는 동안 두피에 전극을 붙여 두뇌의 전기 활성을 살펴보는 뇌파 검사를 시행했으며, 40분 뒤 두 그룹 모두 문서와 이메일에 관련된 질문을 받았다. 그 결과 책상 러닝머신을 활용한 사람들이 그렇지 않은 사람들보다 읽은 내용을 더 수월하게 떠올리고 기억하는 것으로 나타났다. 이들은 책상 러닝머신에서 작업한 사람들의 과제 집중력이 더 커졌다고 보고하기도 했다. 뇌파 검사 결과는 기억과 주의력에 관련된 두뇌 부분이 더욱 활성화되는 모습을 보여주며 이들의 주장이 사실임을 입증했다.

미네소타대학의 한 초기 연구는 사무직 근로자 40명을 추적 조사해 1년 동안 책상 러닝머신을 활용한 후 이들의 생산성과 창의력이 증진되었다는 사실을 발견했다. 수석 연구원 에브너 벤너Avner Ben-Ner 박사는 두뇌 혈류 증가가 그 이유라고 설명했다. 사무직 근로자의 사고 능력을 조사한 스탠퍼드대학 연구의 참여자 81%는 일반 책상에 앉아있을 때보다 책상 러닝머신을 활용할 때 창의력이 증진되고 여러 아이디어를 떠올리는 모습을 보였다.

현재 신체 활동과 독창적인 사고의 연결성은 잘 입증되어 있으며, 수많은 연구에서 움직임이 창의력을 자극해 우수한 아이디어들을 더 많이 만들어낸다고 결론내렸다. 최근의 여러 연구는 어떤 움직임이 창의력을 더 증진할 수 있는지 보여준다. 2020년 일본의 한 연구에서는 여학생 63명에게 팔을 유연하게, 혹은 각지게 움직이면서 신문을 활용해 새로운 이이디어를 떠올리도록 했으며, 부드럽고 유연하게 팔을 움직인 학생들이 더 많은 아이디어를 생각해낸다는 사실을 발견했다. 이 연구의 저자들은 "팔을 활용한 부드러운 움직임은 명백히 창조적 유연성을 증진한다"라고 결론 내렸다. 그러니 망설이지 말고 팔을 흔들자!

책상 러닝머신을 사용하면서 내가 창의력이 향상되었다고 느끼거나 새로운 아이디어를 떠올린 적은 없었다. 하지만 내 삶을 좀먹던 허리 통증이 사라졌다는 것만큼은 확실하다. 나는 여전히 여행 가이드가 아닌 연구하며 글 쓰는 사람으로 살고 있으며, 대부분은 책상 러닝머신 위에서 작업한다.

---------------------- 유용한 팁 ----------------------

데스커사이징은 익숙해지는 데 시간이 필요하고, 모두에게 맞지 않을 수도 있다. 어느 쪽이든 고용주에게 책상 러닝머신을 사 달라고 은근히 압력을 넣어보자. 책상 러닝머신을 사기 전에 높이나 크기를 조절할 수 있는지, 크기가 적당한지 알아보자. 책상 러닝머신은 크고 아주 무거우니 햇볕이 뜨거운 창가나 너무 따뜻한 장소를 피해 위치를 신중하게 정해야 한다.

처음에는 시속 1~2.5킬로미터 정도가 적당한 속도이다. 익숙해지면 작업에 따라 속도를 조절하자. 나는 책을 읽을 때는 속도를 올리고 (시속 3.5킬로미터), 타자를 칠 때(시속 2~2.5킬로미터)나 생각이 필요할 때(시속 1.5킬로미터)는 속도를 줄인다. 어디에서 어떤 작업을 할 때 더 능률이 오르는지 생각하며 일반 책상과 책상 러닝머신을 골고루 활용하면 좋다.

책상 러닝머신이 없다면 걸으면서 회의하거나 산책하면서 브레인 스토밍을 해보는 것도 좋다. 시간이 날 때마다 복도, 인도, 주차장을 서성거리자. 매릴리 오페조Marily Oppezzo 교수는 아주 짧은 산책이라도 아이디어가 자유롭게 떠오를 수 있도록 도와준다고 말했으며, 실험을 통해 효과를 최대로 얻으려면 야외에서 산책해야 한다는 사실을 밝혀냈다.

46

밤길 걷기
Take a Night Walk

1994년, 지진으로 로스앤젤레스 전체가 어둠에 잠겼다. 지역 응급센터에는 밤하늘에 나타난 현상 때문에 겁에 질린 시민들의 전화가 빗발쳤다. 많은 사람이 그 현상을 보고 "거대한 은색 구름"이라고 설명했다. 이날 밤 로스앤젤레스의 시민들을 놀라게 한 것은 은하수였다.

같은 시기 지구 반대편 오스트레일리아에 사는 한 엄마는 점점 지쳐가고 있었다. 운동을 좋아하지만, 낮에 도저히 시간을 낼 수 없었던 디 웨스터웨이Di Westaway는 여성 친구 몇 명과 밤 산책을 나가기로 한다. 웨스터웨이와 친구들은 머리에 랜턴을 달고 일주일에 한 번씩 오스트레일리아의 깊은 자연 속으로 걸어 들어갔다.

맨 처음 이들은 운동하는 데 초점을 맞췄지만 곧 이 밤 산책이 자신들과 야생, 고요함, 무엇보다도 짙은 어둠과 다시 연결되며 소통할 수 있게 해준다는 사실을 알아차렸다.

오늘날 밤하늘은 그 어느 때보다 밝아졌다. 어두워야 할 밤하늘은 멀리까지 뻗어 나가는 LED 불빛으로 넘실거린다. 현재 미국과 유럽 99%의 밤하늘은 빛 공해가 너무 심해 은하수를 보는 것이 거의 불가능하다. 빛 안개가 끊이지 않는 곳에 살아서 야간 시력을 평생 사용할 필요가 없는 사람들도 있다.

하지만 어둠은 인간에게 필수적인 요소이다. 여러 연구는 어둠이 부족하면 우울증, 불면증, 비만, 면역력 약화, 심장병으로 이어질 가능성이 크다는 사실을 보여준다. 다양한 실험 결과 역시 밤에 빛에 노출되는 것이 어떻게 하루 주기와 신경 내분비계를 방해해 종양을 성장하게 하는 잠재적 위험이 되는지 입증한다. 밤에 인공조명을 사용하는 지역을 보여주는 위성 사진과 유방암 발생 지역 지도를 겹쳐본 이스라엘 과학자들의 실험에서도 충격적인 결과가 나왔다. 밤에 밝은 지역일수록 유방암 발생률이 높았던 것이다. 밤에 책을 읽을 수 있을 정도로 밝은 지역에 사는 여성들은 유방암에 걸릴 위험이 무려 73%나 높았다.

우리에게 영향을 미치는 것은 밝은 빛뿐만이 아니다. 현재 연구자들은 야간 조명이 우리의 수면을 돕는 호르몬인 멜라토닌의 생성을 방해한다고 믿는다. 수면 연구자 크리스티나 피에르파올리 파커Christina Pierpaoli Parker는 「내셔널 지오그래픽」과의 인터뷰에서 밤 산책이 수면 욕구를 활성화해 잠을 잘 잘 수 있도록 돕는다고 말했다. 미국 의사협회에서 말하듯 어둠이 우리의 생존과 번영에 필요한 요소라는 사실은 분명하다.

밤 산책이나 야간 산행은 우리에게 별빛과 달빛과 어둠을 다시 알게 하고, 익숙한 풍경을 완전히 새롭게 보여주며, 수천 년간 따라왔던 빛과 어둠에 따른 생체 시계를 다시 맞출 수 있게 해준다.

현재 여러 정부에서 국제 밤하늘협회와 같은 단체의 도움을 받아 자연 그대로 깨끗한 밤하늘과 쏟아지는 듯한 별을 볼 수 있는 장소를 찾아 보호하고자 노력하고 있다. 웹사이트를 찾아보고 참고해 밤하늘을 감상할 수 있는 가장 가까운 곳을 찾아보자. 밤 산책을 경험하며 그 아름다움을 모두 즐기기 위해 멀리까지 갈 필요는 없지만, 빛 공해가 적을수록 진정한 밤 산책을 할 수 있고 별 똥별, 유성, 혜성을 직접 볼 가능성도 커진다.

밤 산책을 할 때는 위험한 일이 생길 수도 있으니 길이 쉽고 지형이 평탄한 곳을 찾아 위험을 최소화하자. 젖은 길에 미끄러지고 넘어지고 싶지 않다면 비 오는 밤을 피하면 된다. 별을 보고 싶다면 숲보다는 시야가 탁 트인 넓은 곳이 더 좋다.

밤 산책이 처음이라면 잘 아는 지역이 좋다. 익숙한 곳이라도 밤에는 완전히 다르게 보일 것이다. 하늘에 빛이 남아있을 때 산책을 시작해서 눈이 적응할 시간을 주자. 해 질 녘이 가장 좋다. 같은 길로 갔다 다시 돌아오면 희미하게라도 랜드마크를 기억할 수 있어서 돌아올 때 완전히 어두워져도 길을 잃을 위험이 줄어든다.

헤드 랜턴을 붉은빛으로 설정해 시력을 보호하자. 빛을 줄이거나 조절할 수 있는 기능이 있는 랜턴이면 더 좋다. 헤드 랜턴을 사용하면 양손으로 자유롭게 지도를 보거나, 물병을 꺼내거나, 밤 소풍에 사용할 램프도 더 가져갈 수 있다.

밤에는 기온이 떨어지니 옷을 여러 겹 챙겨 입어야 한다. 설려 넘어질 수도 있으니 펄럭이는 옷은 피하자. 넘어지기 쉬우니 등산 스틱을 챙기고 비상시를 대비해 휴대전화 배터리를 완전히 충전하면 좋다. 동행할 사람 한두 명 정도를 부르자. 야생동물을 보고 싶다면 인원을 최소한으로 줄이고 헤드 랜턴 사용은 피하자.

이미 완전히 어두워졌다면 어둠 속에 최소 20분 정도 앉아 눈이 적응할 시간을 주자. 눈이 어둠에 적응하는 데 더 힘들어질 수 있으니 너무 밝은 곳은 보지 말자. 눈에 살짝 압박을 주면 밤눈이 빠르게 밝아지는 데 도움이 되니 손으로 눈을 지그시 누르는 것도 좋다. 밤에 무언가를 보려면 눈에 더 부담이 된다. 나이가 많을수록 부담이 커지니 자주 손바닥으로 눈을 감싸 휴식을 취하자.

공식 밤하늘 관련 기관에서 인증받은 장소를 산책하고 싶다면, 웹사이트 등에서 조언을 얻거나 밝을 때 먼저 산책해보자. 밤에는 소리가 더 잘 들린다. 올빼미 울음소리, 멀리 떨어진 길에서 나는 소리, 야행성 동물들의 걸음 소리처럼 낮에는 들을 수 없는 소리에 귀를 기울여보자. 보온병에 따뜻한 음료를 챙기자. 별을 보고 싶다면 별 관찰용 쌍안경을 사거나 천체를 식별해주는 앱을 다운받아 사용해 보자.

체계적인 프로그램이 있는 그룹을 찾는다면 인터넷에서 가이드가 있는 밤 산책, 박쥐 관찰 산책, 나이팅게일 걷기 모임을 찾아보자. 천문학 협회에서도 종종 별을 보는 걷기 모임을 모집하고, 일부 도시에서는 '밤 되찾기(Reclaim the Night, 여성 해방 운동 단체)' 걷기 모임을 운영한다(여성 전용일 때도 있다).

어떤 곳을 선택하든 천천히 걷자. 밤 산책은 빨리 걷는 것이 아니라 천천히 거닐며 경이로움을 느끼기 위한 것이다.

47

점프, 뼈를 튼튼하게 하며 걷기
Jump-Start Your Walk for Super-Strong Bones

매년 예멘의 어느 사막에서는 자라니크 부족 젊은 남성들의 스포츠 대회가 열린다. 체육관도, 코치도, 완충 신발도 없는 이 남성들은 줄지어 서 있는 2미터 높이의 낙타들을 단 한 번의 도약으로 쉽고 우아하게 뛰어넘는다.

진화생물학자 다니엘 리버만은 우리에게 발 아치와 아킬레스건이 있는 이유가 몸이 뛰어오르고 뛰어넘는 데 적합하기 때문이라고 말한다. 뛰고, 춤추고, 빨리 걷는 것과 같은 모든 운동은 양발을 번갈아 디디고, 움직일 때마다 체중을 싣고, 중력에 저항하는 행위이다. 수영이나 자전거 타기와는 달리 이 세 가지 운동은 모두 훌륭한 체중 지지 운동이다.

규칙적으로 걸으면 뼈 보호에 매우 효과적이다. 근육과 마찬가지로 뼈도 30대에 접어들면서 약해지기 시작한다. 앉아서 시간을 보내는 생활습관은 골다공증(뼈에 구멍이 생기는 증상)과 그 전조증상인 골감소증(뼈의 밀도가 줄어드는 증상)의 원인이 된다. 현재 50세 이상 미국인의 55%가 이러한 증상을 겪는다. 골다공증을 앓게 되면 아주 살짝 몸을 굽히거나 거칠게 움직여도 뼈가 부러지거나 조각날 수 있다.

혹시 규칙적인 걷기 운동이 골밀도를 올려줄 수 있을까? 그렇다. 뼈는 살아있는 세포이기 때문에 자신을 스스로 다시 만들어내는 능력이 있는데 이 과정을 재형성이라고 부른다. 우리의 뼈가 스스로 재형성되며 더 강해지고 단단해지려면 땅에 닿을 때 발생하는 충격이 필요하다. 충격이 클수록 뼈도 건강해진다. 속력도 중요하며, 빠르게 움직일수록 발이 지면에 닿을 때의 충격이 커지므로 뼈가 받는 이점도 커진다.

그러므로 뼈 재형성이라는 관점에서는 뛰기가 걷기보다 근소한 차이로 더 좋을 때가 많다. 뼈에는 느린 산책보다 빨리 걷기가 좋다. 폐경 후 여성 6만 명을 대상으로 한 어느 연구에서는 일주일에 최소 네 번 빠르게 걸은 여성이 아예 걷지 않거나, 빈도가 낮거나, 천천히 걸은 여성보다 골반 골절 위험이 낮다는 결과가 나왔다.

걷다가 한 번씩 두 발로 뛰어주면 효과가 더 좋다. 뼈 재생과 보호에 모두 좋은 최고의 운동이 바로 두 발 뛰기이다. 브리검영대학 연구자들은 몇 분 동안 두 발로 뛰는 것이 뼈를 단단하게 하는 데 가장 효과적인 운동이라는 사실을 발견했다. 두 달 동안 하루에 열 번씩 두 발 뛰기를 한 사람들의 골밀도가 현저히 높아졌다는 결과가 나오기도 했다. 다른 여러 연구에서도 이와 비슷하게 청소년, 남성, 자전거를 타는 사람, 쥐까지 모두의 뼈 건강에 두 발 뛰기 도움이 된다는 사실을 발견했다. 줄 없이 줄넘기 하듯 뛰는 것도 비슷한 효과가 있다.

걷기에 다른 움직임을 더해야 하는 이유는 또 있다. 여러 움직임을 섞으면 뼈 강화에 더욱 도움이 되기 때문이다. 축구나 라켓을 들고 하는 운동을 하는 선수들은 마라톤 선수보다 골밀도가 더 높다. 연구자들은 이들이 방향을 자주 전환하기 때문이라고 믿는다. 라켓을 들고 하는 운동선수와 축구선수는 앞뿐만 아니라 뒤, 옆 방향으로도 움직이는 것과 더불어 멈추거나 다시 움직이기도 하기 때문이다. 춤추기, 줄넘기하듯 뛰기, 뒤로 걷기, 두 발 뛰기처럼 다양한 움직임을 더하면 일상적인 걷기도 강력한 뼈 재형성 운동으로 바뀐다.

시골에서 걸으면 뛸 기회가 수없이 많다. 바위, 떨어진 나뭇가지, 개울, 도랑은 뛰기에 아주 좋은 지형이다. 물웅덩이도, 작은 사다리도 뛰어넘기 좋다. 도시를 걸을 때는 묘지의 비석(예의를 갖춰서), 공원의 화단, 낮은 벽, 계단을 활용해 뛰어볼 수 있다.

걸으면서 뛰는 데 흥미가 생기지 않는다면(노약자에게는 추천하지 않는다), 빠르게 걷자. 최근 한 연구에서는 시속 5~6킬로미터로 걸으면 노년의 골밀도를 유지하는 데 가장 좋다는 결과가 나왔다. 뼈를 강화하고 싶다면 속도를 유지하면서 걷다가 급격히 방향을 바꾸거나, 옆으로 움직이거나, 뒤로 걸어보자.

노르딕 워킹, 언덕 걷기, 짐 들고 걷기 역시 뼈 형성에 도움이 되고 특히 햇빛을 받으며 할 때 더욱 효과적이다. 새로운 한 연구에서는 열기가 골 손실 방지에 도움이 되며, 어쩌면 이 결과가 상대적으로 따뜻한 남부 국가보다 북부 국가에 골반 골절 사고가 더 자주 일어나는 이유를 설명해줄 수도 있다고 주장했다.

유용한 팁

걷기를 시작하고 끝낼 때 열 번씩 뛰어보자. 창피하다면 집에서 해도 좋다.

뛰는 것이 힘들다면 걷기 한 시간 전에 커피를 마시는 것도 좋다. 2021년 한 연구에 따르면 카페인이 두 발 뛰기에 도움을 준다고 한다(사실 카페인은 거의 모든 운동에 도움이 된다). 걷는 속도를 빠르게 유지하기 힘들다면 나무나 가로등으로 기준을 세워 몇 분간 속도를 올렸다가 다시 천천히 걷기를 반복하자.

두 발 뛰기나 번갈아 뛰기를 좋아하는 아이들과 걸어보자. 아이들의 뼈 강화에도 좋고 골 손실 방지에도 효과적이다. 평생은 아니어도 언젠간 당신에게 감사하게 될 것이다.

48

공복에 걷기
Walk Hungry

가장 배고플 때 걸으라는 말은 어쩐지 말이 안 되는 것처럼 들린다. 걸으려면 당연히 연료가 필요하지 않은가? 하지만 최신 과학연구 결과는 식사 전 적당한 속도를 유지하며 걸으면 지방을 더 태울 수 있고, 인슐린 반응이 긍정적으로 증진되고, 2형 당뇨와 심장병 위험이 줄어든다는 사실을 보여준다. 아침은 걷고 난 이후에 먹는 것이 좋다. 길고 힘든 하이킹을 갈 때만 예외로, 이때는 아침을 든든히 먹어주어야 한다.

오늘날 스포츠 과학자들은 운동이 식욕을 조절해주기 때문에 더 많이 움직일수록 음식을 과하게 섭취하지 않게 된다고 생각한다. 2019년 한 연구는 건강한 젊은 남성들이 운동하고 아침 식사를 했을 때 운동을 하지 않았을 때보다(또는 아침 식사 후에 운동했을 때보다) 낮에 음식을 덜 먹었다는 사실을 발견했다. 또 다른 연구는 과체중 남성들이 아침 식사 전 60분 동안 걸었을 때 아침 식사 후에 운동하는 것보다 지방이 두 배 이상 연소되었다는 사실을 밝혔다. 이 결과는 6주 뒤 더욱 분명해졌는데, 아침 식사 전에 운동한 사람들의 혈당과 인슐린 수치가 훨씬 좋아졌다. 해당 연구자들에 따르면 위에 음식이 없을 때 운동한 사람들의 근육에서는 혈액에서 근육으로 포도당을 이동시키는 데 필요한 단백질이 더 많았다고 한다. 이들의 몸이 더욱 건강해지며 효율적으로 움직였다는 의미다.

2020년 한 연구는 걷기와 같은 저강도 운동이 공복에 했을 때 특히 효과적이며, 고강도 운동보다 체중 감량 효과가 더 좋다는 사실을 발견했다. 해당 실험의 저자들은 아침 식사 전 저강도 운동이 알츠하이머부터 암까지 많은 질환을 일으키는 염증 완화에도 도움이 된다고 주장했다. 그 이유를 아직은 정확히 알아내지 못했지만, 지방이 만성 염증의 연료가 되는 염증 분자를 분비하기 때문에 공복 걷기가 단지 체중 감량 효과가 아닌 그 이상의 긍정적 영향을 주는 것으로 추측한다. 전무후무한 운동선수이자 코치인 콜린 잭슨Colin Jackson도 공복으로 6킬로미터를 50분 동안 걸으며 매일 아침을 시작했다고 한다.

나 역시 매일 공복에 아침 산책을 하며, 이는 꼭 빼놓지 않는 일과가 되었다. 어렵지 않다. 일어나서 물을 한 컵 마신 뒤 운동복을 입고 걸으면 끝이다! 체중을 감량하고 싶다면 잭슨처럼 매일 아침 같은 시간에 걸어보자. 2019년의 한 연구에 따르면 체중 감량에 가장 중요한 요소가 습관과 꾸준함이라고 한다. 매일 같은 시간에 걸으면 체중 감량 성공에 더욱 가까워질 수 있다.

------------------------------- 유용한 팁 -------------------------------

공복 걷기를 하려면 적응할 시간이 필요하며, 아침을 일찍 먹는 습관이 있다면 더욱 그렇다. 짧게 시작해서 점차 시간을 늘리자. 공복에는 도저히 걸을 수 없다면 간단히 견과류, 말린 과일, 바나나 등을 먹으면 된다.

여러 연구에서 공복 걷기가 체중 감량에 좋다고 하지만, 모두에게 해당하는 것은 아니니니 스스로 몸 상태를 잘 살펴보고 필요하다면 의사와 상의하자.

49

뒤로 걷기
Walk Backwards

1931년 3월 7일, 텍사스 주민 플레니 윙고^{Plennie Wingo}가 뒤로 걸어 포트워스 로데오에 도착했다. 카우보이 복장에 여러 광고판을 목에 감은 윙고는 뒤로 걷기로 전 세계를 돌겠다고 선언했다. 윙고는 6개월 동안 매일 20분씩 뒤로 걷기를 연습했는데, 아무도 자신의 아이디어를 훔치지 못하도록 밤에만 나갔다고 한다. 한 달 뒤 윙고는 모든 방향을 볼 수 있도록 양옆에 거울이 달린 안경을 쓰고 지팡이도 챙겨서 여정에 나섰다. 윙고는 텍사스에서 출발해 오클라호마, 미주리, 일리노이를 지나며 하루에 약 24~32킬로미터를 뒤로 걸었다.

윙고는 계속 뒤로 걸어서 오하이오와 코네티컷을 지나 보스턴에서 배를 탔고, 눈 폭풍이 몰아치는 1월 함부르크에 도착했다. 윙고는 눈과 얼음을 뚫고 베를린, 드레스덴, 프라하, 루마니아, 불가리아를 지났지만, 터키에서 감옥에 갇히고 말았다. 결국 여정을 끝낸 그는 총 거리 약 1만2천875킬로미터의 기록으로 기네스북에 올랐다. 윙고는 죽지 않고 98세까지 살았고, 건강을 위해 규칙적으로 뒤로 걷기를 계속했다.

지난 몇십 년간 뒤로 걷기는 아주 쉬우면서도 건강을 증진할 방법으로 떠올랐다. 실제로 여러 연구는 앞으로 걷는 능력을 향상할 최고의 방법이 뒤로 걷기라는 사실을 보여준다. 2020년 「브레인 커뮤니케이션스」에 실린 한 연구에 따르면 우리는 뒤로 걸을 때 완전히 다른 코어 근육과 하체 근육을 사용한다. 이 근육을 강화하면 하체가 전반적으로 효율적이고 효과적으로 움직이게 되는 것이다.

하지만 뒤로 걷기가 앞으로 걷기 능력을 증진하는 이유는 균형과 안정감을 발달시키기 때문이기도 하다. 앞을 보지 못하고 걸을 때는 공간을 더욱 정교하게 인지해야 하는데, 이를 자기 수용 감각이나 근 감각, 혹은 '육감'이라고 부른다. 관절과 근육과 팔다리에 내재하는 뉴런인 자기수용기가 감각과 함께 움직이며 중추신경계 및 두뇌와 소통한다. 거의 기적에 가까운 명령이 1나노초 안에 이루어지는데, 수백만 년을 거치며 이러한 과정이 미세하게 조정되어왔기 때문에 우리가 정신적으로 최소한만 노력해도 걸을 수 있는 것이다. 이렇게 우리 안에 내재하며 신경과 근육에 내려오는 명령들은 갑자기 나타난 구멍에 발이 빠질 때, 콘크리트 도로나 자갈밭으로 방향을 틀 때, 공을 차러 뛰어갈 때, 어두운 계단을 급하게 내려갈 때 매일 수백 번씩 발생한다. 연구자들은 뒤로 걸으려면 아주 복잡하고 익숙하지 않은 움직임을 이어가야 하므로 자기 수용 감각을 증진하는 데 도움을 주어 균형과 감각이 전반적으로 향상할 것으로 추측한다.

또 연구자들은 뒤로 걷기가 앞으로 걷기보다 신체적으로 더 힘든 운동이며, 하체 근육을 더 섬세하게 사용하게 된다고 말한다. 뒤로 걸을 때는 지면에 발가락이 먼저 닿고 발꿈치가 마지막으로 닿는다. 발가락이 지면에 닿을 때 우리는 정강이 근육, 둔근과 더불어 대퇴직근을 사용하는데, 앞으로 걸어나갈 때보다 이 근육들에 훨씬 큰 힘이 들어간다. 뒤로 걷기는 훌륭한 유산소운동이자 앞으로 걷기보다 열량을 더 많이 소모하는 운동이라는 사실을 알 수 있다.

연구는 뒤로 걷기가 허벅지 뒤 근육을 더욱 유연하게 만들어주며 자세 교정에도 도움이 된다는 사실도 보여준다. 일반적으로 걸을 때는 몸이 살짝 앞으로 기운다. 하지만 뒤로 걸으면 척추와 코어 근육에 힘이 더 들어가기 때문에 더 곧고 안정적인 자세를 유지하게 되고, 그 과정에서 골반이 제대로 정렬된다. 이것이 아마 2011년 한 연구에서 일주일에 네 번씩 10분간 뒤로 걷기를 했을 때 3주 만에 허리 아래쪽 통증이 완화되었다는 결과가 나온 이유일 것이다.

다른 여러 연구는 뒤로 걷기와 속도, 보폭, 걸음걸이 향상을 언관 짓는다. 뒤로 걸으면 무릎 관절과 네갈래근이 강화되는데, 이 두 근육은 걸음걸이 향상을 돕는다. 이런 이유로 뒤로 걷기는 소아 류머티스 관절염, 무릎 관절염, 뇌졸중, 파킨슨병, 뇌성마비, 다발성 경화증, 척추나 무릎 부상으로 움직임에 제한이 있는 사람들이 훌륭한 결과를 얻을 수 있는 재활훈련이다.

뒤로 걷기를 연습한 후 자신감, 체력, 민첩성, 수면의 질, 기분과 더불어 집중력이 증진되었다는 결과도 꾸준히 발표된다. ADHD를 앓는 어린이를 대상으로 진행된 어느 연구에서는 10분 동안 뒤로 걷기를 연습한 후 아이들의 집중력이 향상되어 실수가 줄어든다는 사실을 발견했다. 이 결과가 보편적으로 적용될지는 지켜봐야겠지만, 집중력 향상은 뒤로 걸을 때 필요한 집중력에서 나오는 파급효과일 가능성이 있다. 해당 연구원들은 뒤로 걷기가 주의력을 향상할 수 있다는 결과를 기록했다.

나는 뒤로 걷기를 직접 해보며 이 흥미로운 증거들을 조사해보기로 했다. 뒤로 걸으면서 마주한 풍경에서 멀어지며 움직이면 눈에 보이는 풍경이 더 넓어졌다. 한걸음 내디딜 때마다 우리를 감싼 공간이 느긋하고 신비롭게 펼쳐지며 확장된다. 풍경 속으로 걸어 들어가며 몇 시간 동안 눈에 보이는 장면이 바뀌지 않는 일반적인 걷기와는 완전히 다르다.

우리를 안내해 줄 시각이 없어지면 다른 감각들이 깨어난다. 뒤로 걸으면 공간으로 나아가는 신체를 생생하게 느낄 수 있다. 장소와 각 발걸음에 모든 신경을 집중하며 발가락에 닿는 땅을 느끼고, 구르듯 지면에 닿는 발바닥을 느끼며, 바람의 방향을 읽는다. 모든 감각이 똑바로 안전하게 서 있는 데 집중되기 때문에 다른 생각이 떠오르지 않는다. 앞으로 걸어갈 때 우리는 몸을 잊고 정신으로 존재한다. 하지만 뒤로 걸을 때는 정신을 버리고 몸으로만 존재하게 된다.

유용한 팁

윙고는 두 번쯤 발목을 다치고 차에 치일 뻔하기도 했다. 늘 주의하자. 평평하고, 익숙하고, 방해물이 없는 곳에서 연습한 뒤 천천히 시작하자. 길을 알려줄 누군가와 함께하는 것도 좋다. 모든 발걸음에 주의를 기울여 발가락부터 땅에 대고 굴리듯 발꿈치까지 닿게 하자. 매일 하는 걷기 운동에 몇 분쯤 뒤로 걷기를 넣는 것으로 시작하기를 추천한다. 맨발로 걷거나 기능을 최소화한 신발을 신으면 몸으로 지형을 더 가까이 느끼며 감각적 경험을 최대화할 수 있다.

휴버맨 연구소Huberman Lab에서 수행한 흥미로운 조사에서는 뒤로 걷기처럼 익숙하거나 안정적이지 않은 움직임을 몇 분간 계속하면 두뇌 유연성을 증진하는 신경 화학 물질이 나와 학습 능력과 기억력이 크게 향상된다는 사실을 발견했다.

50

깊은 잠을 위한 상록수 숲 걷기
Walk in an Evergreen Forest
for a Good Night's Sleep

1795년 메리 울스턴크래프트Mary Wollstonecraf는 노르웨이에 도착했다. 우울하고 가난했던 울스턴크래프트는 노르웨이에서 유명한 소나무 숲을 걸으며 시간을 보냈다. 그녀는 연인에게 보내는 편지에 의기양양하고 행복한 어조로 소나무와 전나무의 생생한 향기가 자신의 마음을 위로한다고 적었다. 『여성의 권리 옹호』라는 책을 펴낸 울스턴크래프트는 노르웨이로의 여행이 "내 마음의 역사에 새로운 장을 열어주었다"라고 회고했다.

북미 원주민, 중국과 한국 사람들은 수 세기 전부터 소나무를 약재로 사용했고 그리스와 로마 사람들은 잣이 정력을 증진해준다고 믿었다. 그러니 오늘날 연구자들이 이들의 뒤를 따라 타액,

혈액, 뇌 영상을 활용해 소나무의 기적 같은 치유 효과를 밝혀낸 것도 놀라운 일이 아니다. 이런 효과는 삼나무, 가문비나무, 전나무, 낙엽송, 솔송나무, 소나무까지 소나뭇과 소나무속에 속하는 침엽수에 모두 해당한다.

소나무가 지닌 비밀의 무기는 피톤치드라고 불리는 에센셜 오일인데, 무기 저장고나 마찬가지인 이 화학 혼합물은 나무가 벌레, 동물, 곰팡이, 질병으로부터 자기 자신을 보호하기 위해 만들어낸다. 우리가 소나무 숲으로 걸어 들어가면 맡을 수 있는 독특한 송진 냄새는 바로 나무의 자기방어 체계이며, 나무들은 마치 분무기 수백 개로 동시에 분사하는 것처럼 피톤치드를 내뿜는다.

모든 나무와 식물은 자신을 보호하기 위한 혼합물을 만들어내는데, 그중 일부에는 항염증, 항박테리아, 항곰팡이, 항산화 기능이 있는 것으로 밝혀졌다. 소나무는 그 중 피톤치드라는 특정 혼합물을 풍부하게 만들어내며, 숲 전문가 피터 볼레벤^{Peter Wohlleben}은 지구상에서 가장 깨끗한 공기를 마실 수 있는 곳이 소나무 숲이라고 주장한다.

가장 흥미로운 소나무 실험은 수면과 관련된 것이었다. 소나무와 수면의 질 상승 사이의 관계를 처음으로 발견한 연구원들은 일본의 과학자팀으로, 2005년 이들은 알파피넨이라는 피톤치드가 쥐들의 수면 시간을 늘어나게 했다는 사실을 발견했다. 후속 연구에서는 알파피넨이 수면제와 똑같은 역할을 하며, 화학적 경로는 같지만 그 어떤 부작용도 없고 깊은 수면에 필요한 델타 활동에도 영향을 미치지 않는다는 결과가 나왔다. 흔히 사용하는 수면제는 수면의 양은 늘리지만 질은 떨어뜨리는데, 바로 델타 활동(깊은 수면 중에 발생하는 델타파)을 감소시키기 때문이다. 하지만 이 실험에서 알파피넨을 들이마시거나 섭취한 설치류들은 더 깊게 긴 잠을 잤다.

침엽수의 피톤치드는 테르펜이라는 화학 물질로 만들어진다. 알파피넨이 가장 풍부하긴 하지만, 그다음으로 풍부한 3-카렌도 설치류의 수면 증진과 연관성이 입증되었다. 다시 말해, 소나무는 수면을 유도하는 혼합물을 최소 두 개는 만들어낸다는 의미다.

2019년 한국에서 이루어진 한 연구에서는 암 환자 그룹이 6일 동안 삼나무, 편백, 낙엽수로 가득한 숲에서 매일 30분간 걸으며 산림욕을 즐겼다. 실험이 끝날 시기가 되자 참여자들의 수면 효율(순수하게 수면으로 보내는 시간)이 증진되었다. 수면 시간 역시 전보다 늘어났다. 두 번째 연구에서는 오후에 걸으면 소나무 숲이 주는 수면 유도 효과가 더욱 커진다는 사실을 발견했다. 일본에서 이루어진 연구에서 참여자들은 오전과 오후로 나누어 총 두 시간 동안 숲을 걸었다. 참여자들은 두 번 모두 눈을 가리고 산책했지만, 오후에 걸었을 때 가장 수면 시간이 긴 것으로 나타났다.

메리 울스턴크래프트처럼 나도 노르웨이의 침엽수림을 거닐며 긴한 니무 향을 밑고 휠기글 뫼찾끈 한나. 여름에는 하이킹하며 빌베리 열매를 따고 겨울에는 눈 속을 걸으러 갔다. 압도되는 듯한 노르웨이의 겨울에 침엽수들은 더욱 황홀한 향기를 내뿜는다. 산림욕 분야의 선구자 리 청 박사에 따르면 숲의 피톤치드는 30도 정도에서 농도가 가장 짙어지지만, 산림욕은 시간에 구애받지 않아도 좋다고 한다.

하지만 새로운 연구는 리 청 박사의 말이 맞지 않을 수도 있다는 사실을 보여준다. 기온 이외에도 햇빛이 들어오는 시간, 계절, 나무의 나이가 테르핀 분비에 영향을 미치기 때문이다. 한국에서 이루어진 어느 연구는 어떤 지역의 숲에서 9월에 테르핀 분비량이 가장 많았던 반면, 다른 지역에서는 5월에 가장 많았다는 사실을 발견했다. 어떤 숲은 밤에 분비량이 많았고, 어떤 숲은 낮에 더 많았다. 해당 연구에 따르면 유일한 일관성은 나무의 나이와 바람이었다. 나이든 나무일수록 분비량이 적고 바람은 테르핀을 흩뜨려놓는다.

테르핀의 효과는 수면을 돕는 것 ⏌ 이상이다. 2021년 덴마크에서 진행한 메타 분석에서는 자연 유래 혼합물을 들이마신 뒤 염증이 줄어들고 면역력이 증진되었다는 증거를 발견했다. 가장 좋은 효과를 얻으려면 네 시간은 걸어야 하지만, 일주일에 30분만 걸어도 혈압과 우울감을 완화하는 데는 충분하다.

51

명상하며 걷기
Walking As Meditation

언젠가 뉴멕시코에서 지도도 없이 헤매다가 불현듯 선불교 절에 들어간 적이 있었다. 검은 옷을 입은 승려들은 천천히, 고요하게 맨발로 정원을 에워싸듯 걸었고, 나는 그 모습을 바라보았다. 선불교의 완전히 현실에 존재한다는 개념이 마음에 들었기 때문이었다. 하지만 눈을 감고 가만히 앉아있자니 졸음이 밀려왔고, 허리 통증 때문에 앉아있기보다는 걸어야 했으므로 나는 명상을 포기할 수밖에 없었다. 하지만 발걸음이 만드는 리듬으로 내면의 고요함을 찾는 승려들의 품위 있는 명상을 보며 나는 걸으며 하는 명상에 다시 매혹되었다.

많은 연구는 명상으로 일상에서 생기는 스트레스를 완화할 수 있으며, 스트레스를 돌보지 않으면 고혈압과 염증에서부터 면역력 약화, 불면증, 우울증, 불안감에 이르기까지 깊은 흔적이 남을 수 있다고 지적한다. 16개 연구를 조사한 어느 논평에서 명상이 스트레스, 불안감, 우울감, 번아웃, 이해심, 기분에 긍정적인 영향을 미친다는 사실을 발견했다. 다른 여러 연구도 명상(앉아서나 걸으면서)이 스트레스를 주는 환경이 미치는 해로운 영향을 예방하거나 심지어 정반대로 뒤집을 수 있다고 추정했다. 로마 사피엔자 대학의 생물학자 사브리나 벤디티Sabrina Venditti는 명상을 "침묵 분자"라고 표현하며 명상이 우리의 세포를 변하게 해 도움이 되는 유전자를 깨우고 해로운 유전자를 잠잠하게 만든다고 추측한다.

스트레스, 번아웃, 건강 이상으로 고통을 겪는 사람들만 명상의 도움을 받을 수 있는 것은 아니다. 명상은 두뇌를 구조적으로 변화시킨다는 사실이 발견되었는데, 전전두피질(계획과 의사결정에 관여하는 부분)을 강화하고, 해마(기억 저장고)를 확장하는 동시에 편도체(두려움과 불안감과 관련되는 부분)를 줄어들게 만든다. 또한, 두뇌 사진을 보면 규칙적으로 명상하는 사람의 회색질(뇌세포가 담긴 조직이자 지능 정도를 나타낸다)이 더 두껍다는 사실을 확인할 수 있다.

하버드대학 신경과학자 사라 라자Sara Lazar는 명상이 두뇌에 미치는 영향을 조사하는 연구실을 운영한다. 명상하는 사람들과 방대한 뇌 스캔 사진을 대상으로 실험을 진행한 후, 라자는 모두가 궁금해하던 질문에 답을 찾았다. 대체 얼마나 명상해야 두뇌 구조가 바뀌는 걸까? 얼마나 자주 해야 할까? 시간은 어느 정도가 좋은 걸까?

라자는 연구 결과에 놀라움을 숨길 수 없었다. 단 8주 만에 명상 경험이 전혀 없었던 연구 참여자들의 두뇌 중요 부분이 확장되었던 것이다. 실험의 명상 시간은 매일 20분 정도로 짧았다. 이후 이어진 여러 연구는 15분에서 20분 정도로 짧게 명상해도 놀라운 변화가 일어날 수 있다는 사실을 보여주었다. 50년 동안 명상을 이어온 사람들은 자신의 나이보다 반은 어린 사람과 회색질 양이 같다고 한다.

명상하며 걷기에는 명상의 힘과 더불어 깨끗한 공기를 마시며 움직이는 것의 이로움이 모두 존재한다. 명상하며 걷기의 뿌리는 기원전 6세기에 활동했던 부처로부터 시작된다. 50년 동안 부처는 여러 도시와 마을을 걸어서 다니며 대화를 나누고, 설교하고, 시주를 받았다. 매년 3개월간 이어지는 장마가 지나간 뒤 명상하며 걷기는 더욱 구체적인 형태를 갖추게 된 것으로 보이며, 구전되던 부처의 말을 새긴 최초의 불교 경전 팔리 캐논에서는 마음 챙김을 실천하면서 차분하고 명확한 정신과 만족감을 얻기 위해 부처가 선택한 네 가지 자세 중 하나로 걷기를 꼽았다.

명상하며 걷기도 앉아서 하는 명상처럼 효과가 있을까? 대답은 '그렇다'이다. 한 연구에서는 명상하며 걷기가 우울감과 스트레스를 완화하면서 동시에 체력, 유연성, 민첩성, 균형감각, 심폐 지구력이 향상한다는 결과가 나왔다. 같은 연구에서 형태와 관계없이 모든 걷기가 염증과 HDL 콜레스테롤 수치를 크게 완화하지만, 코르티솔, LDL 콜레스테롤, 염증과 우울감을 나타내는 단백질인 인터류킨6 수치를 떨어뜨리는 걷기는 명상하며 걷기가 유일하다는 사실을 발견했다. 한편, 2019년 한 연구는 규칙적으로 명상하며 걷기를 한 중년 및 노년 여성의 균형감각과 신체 조정력이 더 뛰어나다는 사실을 발견했다.

그렇다면 어떻게 시작해야 할까? 불교 교육자 실비아 부어스타인Sylvia Boorstein은 느긋하게 걷는 30분 산책을 추천하며, 앉아서 하는 명상은 호흡을 따라가지만 명상하며 걷기는 발걸음의 리듬을 따라간다는 사실을 지적한다. 부어스타인은 조용히 혼자 있을 수 있고 복잡하지 않은 장소를 걸으라고 권장한다. 전체 경로의 길이는 약 3~6미터가 적당하며, 주의를 흩어지게 하는 요소가 없어야 모든 주의를 발걸음에 집중할 수 있다.

명상하며 걸을 때는 먼저 눈을 감자. 그다음 가만히 서서 숨을 깊고 길게 들이마시고 내쉰다. 그리고 몸에 집중하자. 발에서 시작해 땅에 단단히 뿌리를 내린 듯한 느낌을 받고, 몸통과 팔을 거쳐 머리에 닿은 후 다시 발로 내려온다.

이제 눈을 뜨고 걷기 시작하며 발이 떨어지고 닿는 움직임, 팔의 흔들림 또는 가만히 뒷짐 진 손의 감각에 집중한다. 집중이 안된다면 방해하는 요소가 무엇인지 인지한 뒤 다시 신체와 발걸음의 리듬으로 돌아오자. 특별한 자세나 걸음걸이를 따르지 않아도 된다. 원하는 만큼 느긋하게 걷되 발에 계속해서 집중하며 바닥에 구르듯 닿는 발바닥, 발과 대지의 끊임없는 연결성, 바닥에 발이 닿을 때의 무거움, 각 다리를 들어 올릴 때의 가벼움을 느끼자.

팔의 흔들림, 스쳐가는 나무 수액의 향, 새들의 목소리, 들숨과 날숨, 양쪽 다리로 땅을 밟는 압력, 피부에 닿는 바람을 느끼자. 관찰하고 인지하되 몰두하지는 말자. 그리고 계속해서 발걸음과 숨으로 돌아오자.

선중 불교 승려 틱낫한은 다양한 호흡법을 실험해볼 것을 권하며, 폐에서 공기가 모두 빠져나오듯이 길게 숨을 내쉬어보라고 말한다. 틱낫한은 폐에 집중하고 호흡과 이어지는 발걸음을 다양하게 활용하면 숨 쉬는 방법을 달리하며 호흡과 순환을 증진할 수 있다고 설명한다.

명상하며 걷기에는 정해진 방법도, 따라야 하는 속도, 시기, 자세, 장소도 없다. 중요한 점은 걷기라는 물리적 과정을 통해 완전히 현재에 집중하는 것이다. 많은 사람이 단순히 걷는 것만으로도 현재에 몰입하며 끝없이 이어지는 온갖 생각들을 멈출 수 있게 된다. 하지만 명상하며 걷기를 할 때는 발걸음의 리듬에 더욱 집중해야 하며, 원한다면 아프가니스탄 사람들의 걷기처럼 발걸음과 호흡을 맞출 수도 있다. 앉아서 하는 명상처럼 걸으면서 하는 명상도 빠르게 흘러가는 정신이 현재에 머무르도록 돕는다.

명상하며 걷기를 걷기의 시작과 끝에 끼워 넣어보자. 시간을 내기 힘들다면 출근길이나 장 보러 가는 시간을 활용하는 것도 좋다. 부어스타인은 30분을 제안했지만, 몇 분만 걸어도 좋고 원하는 대로 천천히, 혹은 빨리 걸어도 좋다. 명상하며 걷기에 도움을 주는 앱도 많고 유튜브에도 자료가 많으니 참고하자.

앉아서 하는 명상이 더 좋다면 명상 직후에 걸어보자. 여러 연구는 앉아서 하는 명상과 걸으면서 하는 명상을 함께 했을 때 허리 아래쪽 통증과 불안감에 시달리는 사람에게 놀라운 효과가 있다는 사실을 보여준다.

수천 년 동안 사색과 휴식을 얻는 방법으로 활용되었던 미로 걷기를 해보는 것도 좋다. 웹사이트에서 근처에 있는 미로를 찾아보자.

52

프랙털을 찾으며, 관찰하며 걷기
Walk Deep and Seek Out Fractals

10여 년 전, 작가이자 조경 전문가 토니 히스^{Tony Hiss}는 아이스 커피를 사러 집밖으로 나갔다. 베이글 가게로 향하는 그 짧은 산책에서 히스는 어떤 통찰을 얻었다. 히스는 거의 평생을 뉴욕에 살았지만, 파란색 우편함을 바라보며 갑자기 저 우편함이 어떻게 만들어졌는지, 지금과 같이 디자인되고, 만들어지고, 자리를 잡기까지 들어간 세심한 주의와 연구와 지성을 생각하게 되었다. 이 계시의 순간은 히스가 걷는 방식을 완전히 바꾸었다.

그는 풍족하고 생기 넘치는 상태로 집에 돌아왔으며, 움직이는 것이 모험하는 능력을 깨운다는 생각을 하게 되었다. 이후 히스는 '깊이 있는 여행'이라는 용어를 만들어냈다. 하지만 그의 짧은 산책은 깊은 여행이 아니라 '깊이 있는 걷기'였다.

깊이 있는 걷기를 하려면 속도를 줄여야 한다. 이 책에 소개한 걷기 중 많은 부분이 깊이 있는 걷기를 하는 방법이자 몸을 움직이며 우리의 감각, 정신, 영혼과 연결되는 방법이다. 새, 곰팡이, 꽃, 건축 양식, 구름을 관찰할 때 우리는 깊이 있는 걷기를 하게 된다. 하지만 평범한 도보 여행을 깊이 있는 걷기로 떠나는 모험으로 바꿀 간단한 방법이 있다. 바로 프랙털 구조를 찾는 것이다.

프랙털이란 반복되는 패턴이다. 같은 패턴이 반복될 때가 많고 종종 자연에서도 발견된다. 눈 결정, 고사리와 같은 양치식물, 파도를 생각해보자. 프랙털은 우리 주변 어디에나 있으며, 이들을 관찰하면 깊은 만족감을 느낄 수 있다. 몇십 년간 프랙털을 연구한 물리학 교수 리처드 테일러Richard Taylor는 프랙털을 관찰하는 것이 "스트레스를 완화하는 동시에 인지 능력을 증진하고 집중력을 향상해 신체에 놀라운 변화를 일으킨다"고 믿는다. 뇌파 검사와 기능적 자기 공명 영상fMRI 모두를 활용한 연구는 프랙털 관찰이 우리의 감정 처리를 돕고 공간 지각과 기억력에 큰 역할을 하는 부해마를 포함한 두뇌 여러 부분과 관련된다는 사실을 입증했다. 테일러의 연구는 단순히 프랙털을 바라보는 것만으로도 스트레스가 최대 60%까지 낮아진다는 사실을 보여주었다.

우리에게 안정을 준다는 측면에서 더 뛰어난 프랙털들이 있다. 프랙털은 복잡성 혹은 특정 패턴이 반복될 때마다 줄어드는 비율로 측정한다. 이를 프랙털 차원 혹은 'D'라고 부르는데, 대개 D1에서 D까지의 범위에 속한다. 패턴이 느슨하고, 크고, 복잡성이 덜한 프랙털의 점수는 D1에 가까우며(구름이나 평평한 지형 등), 복잡성이 높고, 작고, 촘촘한 프랙털의 점수는 D2에 가깝다(잎맥이나 빽빽한 숲 등). 테일러의 연구는 우리가 복잡성 점수가 낮거나 중간 정도인 프랙털을 봤을 때 가장 편안하다고 느낀다는 사실을 보여준다. 점수가 D1.3-D1.5 정도인 프랙털을 보면 우리 두뇌는 기분을 좋게 만드는 알파 뇌파를 만들어낸다. 이때 우리는 몰입하고 편안함을 느낀다. 우리는 보통 D1은 지루해하고 D2는 감당하기 힘들다고 여긴다.

최근 어린아이들을 대상으로 한 연구에서는 프랙털을 향한 선호가 세 살 이전에 시작된다는 사실이 밝혀졌다. 테일러는 우리 안에 있는 프랙털에 관한 선호가 눈이 움직이는 방식에서 기인했을 수 있다고 주장했으며, 그의 연구는 인간의 눈이 자체적으로 프랙털 패턴을 활용한다는 사실을 보여주었다.

자연에만 프랙털이 있는 것은 아니다. 도시에는 자연만큼 풍부하지는 않지만, 자세히 들여다보면 교회 창문, 비석에 낀 이끼, 플로리스트의 창가에 있는 꽃들, 미술관의 그림들까지(잭슨 폴록의 그림처럼 미술에서도 패턴의 반복을 자주 활용하는데, 테일러는 그림도 깊이 있게 연구했다) 다양한 곳에서 불쑥 튀어나온다. 그렇다고 시간을 들여 프랙털을 찬찬히 볼 필요는 없다. 테일러의 말에 따르면 환경적으로 노출되어 있어야 한다. 다시 말해, 프랙털이 주변에 있는 것만으로도 혜택을 얻을 수 있다.

프랙털을 보는 것은 깊이 있는 걷기를 할 수 있는 한 가지 방법이다. 런던의 식물학자들은 도시 주택 단지를 걸으며 문화나 역사와 함께 야생화를 관찰하는 프로그램을 만들었다. 공동묘지는 민속문화, 건축, 유명인사의 역사를 보여주는 훌륭한 도보 여행지이다. 산울타리나 잊혀가는 공원 구석에 자라는 독버섯과 식용 버섯을 찾으며 걷는 것도 좋다.

깊이 있는 걷기는 두뇌의 특정 뉴런을 활성화하고 강화한다고한다. 2021년 덴마크 뇌신경과학자들은 쥐의 두뇌 깊은 곳에 있는 불확정영역이라는 부위를 찾았고, 이를 호기심 회로라고 불렀다. 여러 실험을 통해 이 불확정영역은 깊은 탐구를 할 때는 깨어나지만, 얕은 탐구를 할 때는 활성화되지 않는 것으로 나타났다. 깊이 있는 걷기로 마치 신체를 단련하듯 두뇌를 단련할 수 있다는 사실을 보여주는 결과다.

하지만 깊이 있는 걷기에는 뇌세포를 깨우는 것 이상의 효과가있다. 걷기에 관한 인식을 지루하다거나 어딘가로 가기 위해 소비해야 하는 시간이 아니라 모험과 새로운 만남이 있는 느긋한 시간을 보낼 기회로, 시간을 투자할만한 순간이라고 바꾸게 한다. 아스팔트 도로의 깨진 틈에서, 쓰러진 나무껍질의 균열에서, 흙 밑에서 우주를 보는 것. 나는 그것을 깊이 있는 걷기라고 생각한다.

깊이 있는 걷기는 주의를 기울이는 걷기이기 때문에 혼자 가거나 마음이 맞는 사람과 함께하면 좋다. 깊이 있는 걷기는 지리학, 지질학, 건축, 역사, 프랙털, 식물학 관계없이 지식이 있으면 더욱 풍부하게 즐길 수 있다. 책을 참고하거나, 앱을 다운받거나, 지식을 전해줄 수 있는 가이드를 찾아보자.

많은 앱이 뻔한 여행 산책로가 아니라 특별하고 재미있는 코스를 추천해준다. 베를린에서 그라피티를 따라 걸어보거나, 런던에서 강 아래에 있는 길을 따라 걷거나, 도쿄에서 영화감독과 함께 걸어보거나, 파리에서 영화 촬영 장소를 따라 걷거나, 뉴욕에서 '소수민족 음식' 걷기 여행을 할 수도 있다.

도시에서 깊이 있는 걷기를 하기에 가장 좋은 시간은 거리가 환하지만 시끄럽지 않은 이른 아침이다. 아이들과 시골에서 걷는다면 아이들이 프랙털을 최대한 많이 찾도록 해보자. 발견한 프랙털을 그려보는 것도 좋다.

✦

이 책은 걷기에 바치는 러브레터다

호모 사피엔스로서 우리는 아주 오랜 시간 동안 종일, 매일, 짐을 들고, 바람과 비와 태양 빛과 그늘 속에서, 언덕을 오르내리며, 강을 따라, 숲을 가로지르고 평원을 건너며 걷는 존재로 진화했다. 걷기 위해 6백 개의 골격근이 쉬지 않고 움직이도록 진화했다. 폐에 공기를 담고, 코로 향을 맡고, 피부에 햇볕을 쬐고, 머리카락을 헤집는 바람을 즐기고, 발아래 모래와 흙을 느끼도록 진화했다.

하지만 호모 사피엔스로서 우리는 귀중한 에너지를 보존하도록 진화하기도 했다. 현대 생활은 에너지를 보존하려는 우리 내면의 욕구를 교묘히 이용해 아무것도 하지 않게 만든다. 지금은 그 어느 때보다 조금 움직여도 괜찮은 세상이며, 그 어느 때보다 전자제품과 영상으로 둘러싸인 편안함에 저항하기 힘든 세상이기도 하다.

하지만 우리는 저항해야만 한다. 우리의 몸과 두뇌와 영혼의 연결을 유지하려면 밖으로 나가 활동해야 한다. 온종일은 아니더라도 매일이어야 한다. 인간은 걷는 속도로 세상을 마주할 때, 집에서 느끼는 일상적인 편안함에서 벗어나 자신의 감각을 따라갈 때 가장 생기를 얻는다.

이 책은 걷기에 바치는 내 러브레터다. 이 책이 당신을 일으켜 밖으로 나가게 하고, 걸으며 사는 삶과 자연을 가까이하는 삶이 주는 엄청난 특권과 풍족함을 즐기게 만들기를 바란다.

교수이자 시인이었고, 내가 운전이 아니라 걷기를 선택하게 해주었고, 이 책을 쓰는 중에 돌아가신 아버지께 마지막 문장을 바치고자 한다.

"조금 더 가볍게 움직여. 깃털의 가벼운 움직임을 생각해 봐. 새의 날갯짓을 따라가렴."

몸의 감각을 깨우고 온전히 나를 되찾는

걷는 존재

초판 1쇄 발행 2023년 1월 18일
초판 2쇄 발행 2023년 2월 10일

지은이 애나벨 스트리츠
옮긴이 이유림
펴낸이 이승현

출판1 본부장 한수미
와이즈 팀장 장보라
편집 양예주
디자인 어나더페이퍼

펴낸곳 ㈜위즈덤하우스 **출판등록** 2000년 5월 23일 제13-1071호
주소 서울특별시 마포구 양화로 19 합정오피스빌딩 17층
전화 02) 2179-5600 **홈페이지** www.wisdomhouse.co.kr

ⓒ 애나벨 스트리츠, 2023

ISBN 979-11-6812-572-8 03300